AMOR SEM FRESCURA

CLAUDIA
MATARAZZO

AMOR
SEM
FRESCURA

Planeta

Organização: Mario Ameni
Preparação: Eliana Rocha
Revisão: Eliana Rocha e Midori Yamamoto
Diagramação: Balão Editorial
Ilustrações: Marina Mayumi Watanabe
Foto de capa: Ivson
Capa: Repertório Editorial

CIP-BRASIL. CATALOGAÇÃO NA PUBLICAÇÃO
SINDICATO NACIONAL DOS EDITORES DE LIVROS, RJ

M376a

Matarazzo, Claudia, 1958-
Amor sem frescura / Claudia Matarazzo. - 1. ed. - São Paulo: Planeta, 2013.
192 p. : il. ; 23 cm.

ISBN 978-85-422-0163-5

1. Relação homem-mulher. 2. Encontro (Costumes sociais). 3. Sedução. 4. Etiqueta. I. Título.

13-02070 CDD: 306.73
CDU: 392.4

2013

Editora Planeta do Brasil Ltda.
Avenida Francisco Matarazzo, 1500 | 3º andar – conj. 32B
Edifício New York | 05001-100 | São Paulo-SP
www.editoraplaneta.com.br
atendimento@editoraplaneta.com.br

SUMÁRIO

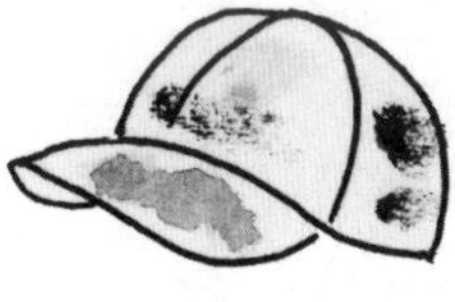

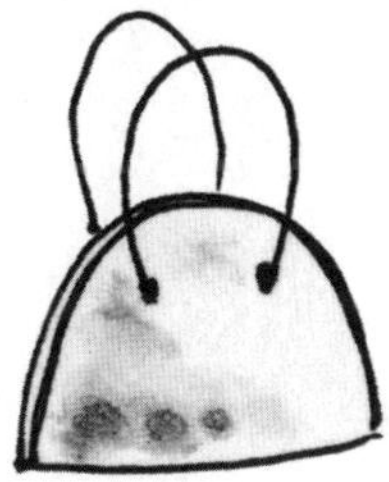

NOTA DA AUTORA

quem é você para falar de amor?

Já quase ao final da redação deste livro, quando disse que estava trabalhando esse tema, uma amiga da onça perguntou: "Mas com 54 anos e casada há 25, você acha que vai dar conta de falar sobre o amor nos tempos de hoje?".

Golpe baixíssimo, não acham? Eu, que sou bem lerda diante de malcriações desse tipo, fiquei sem ação na hora – e fui para casa remoendo a pergunta e a raiva.

Aos poucos, percebi que posso, sim, falar de amor, paixão, tesão e de quantos outros sentimentos envolverem o relacionamento humano, uma vez que venho fazendo exatamente isso há exatos 25 anos e 15 livros publicados. Com a vantagem de percorrer o Brasil inteiro dando palestras nas quais as pessoas me pedem, entre outras coisas, dicas *sobre namoro*.

Ok, essa parte da qualificação profissional é até fácil. Mas a voz incrédula da amiga da onça continuava a me perguntar: "E o que mais?". Mais? Bom, acredito que um dos estados mais interessantes da alma humana seja o do apaixonamento, quando nos tornamos fortes e poderosos, deixamos de sentir fome e sono apenas para viver a nova paixão.

Mas também nos tornamos bobos e inseguros. Sem distanciamento para entender a perspectiva das coisas. E mais afeitos a desastres sociais e afetivos.

Só que estar apaixonado é o máximo. Já amar também é tão bom! E amar apaixonadamente então?... E quando tudo isso evolui para um invejável relacionamento de companheirismo e afeto? O desafio era dos mais interessantes, e achei pertinente um livro que ajudasse as pessoas quando fossem tomadas por esses sentimentos.

Estava quase convencida de que era por aí quando ouvi novamente a vozinha da bruxa me cutucando: "E o que te faz acreditar que é uma autoridade no assunto?". Puxa!, essa era difícil. Autoridade? Detesto a palavra, e não me considero autoridade em nada. Experiente em várias coisas, certamente. Mas em amor?

Comecei a me lembrar de meus amores em uma viagem afetiva bem lá para trás nos anos. De um dos primeiros, na adolescência, que me fez chorar tanto que até emagreci. Mas que hoje, sei que, bem lá no fundo (e no raso também), me respeita à beça.

Da grande paixão de juventude, que se tornou um autor admiradíssimo e popular e que até hoje é um grande amigo, com quem adoro dar risada ao telefone.

De outro, que veio depois dessa paixão: querido companheiro, guia espiritual e que, mesmo depois de terminado o namoro, eu sabia, falava de mim para amigos comuns com grande carinho. Que devia ser verdadeiro a julgar pelo abraço que me deu quando nos encontramos por acaso apenas semanas antes de ele morrer, vitimado por um câncer fulminante. Gosto de pensar que virou anjo.

Lembrei-me também daqueles que não foram namorados, mas com os quais me envolvi de uma maneira ou de outra, e que, quando (e se) encontro, sinto uma grande alegria e verdadeiro prazer em rever.

E me dei conta de que não havia amargura nessas lembranças, e sim um sentimento de gratidão e privilégio pelas pessoas que havia encontrado e amado nessa vida.

"O quê? Tá querendo me dizer que você só se deu bem? Me engana que eu gosto!" A amiga da onça não desistia, firme na intenção de minar minha autoconfiança. Puxa, claro que me dei mal! E mais de uma vez. Comecei a lembrar e... bem, na verdade a gente deleta um pouco as lembranças ruins.

Mas talvez não fossem tantas assim. Ou talvez eu tenha sabido administrar, se não os relacionamentos e seus finais, pelo menos as lembranças. E o fato de ter sido uma boa administradora de lembranças talvez me autorize a compartilhar opiniões e dicas – ou será que nem isso?!

"Não sei o que administração de lembranças tem a ver com relacionamentos", insistia a voz paranoica da falsa amiga. Pensando bem, nem eu. Mas talvez um casamento que dura 25 anos com mais momentos bons do que os insuportáveis conte alguma coisa... Ou será que não!?

Claro que sim, pensava, satisfeita – e já estava pronta para encerrar aquela discussão atroz quando me lembrei da expressão da fofa ao declarar para todos os presentes cada um dos meus 54 anos, que tanto me orgulham, como se fosse um impedimento para amar ou entender o amor.

E me lembrei de Ágata, que aos 48 encontrou em Neno, 58, um grande amor, que vive há anos como se fosse o primeiro. Declara para quem quiser ouvir que ele tem cheiro de sol e que as horas que dorme abraçada a ele são infinitamente mais preciosas do que qualquer experiência que tenha vivido na vida. Inclusive aquelas em que está acordada ao lado dele. (Ele não entende bem esse apreço da amada pelo seu abraço noturno, mas aceita, assim como a aceita – e ama por inteiro – desde que se encontraram em uma rara sintonia de corpos e almas.)

Quer saber? Não importa. O fato é que *Amor sem frescura* é fruto de pedidos de leitores e também da necessidade de ressaltar o quanto é possível melhorar e ampliar o relacionamento entre duas pessoas mediante alguns princípios de delicadeza e de cortesia.

Não sou sexóloga nem psicóloga, minhas observações têm como base meu trabalho como jornalista e consultora de etiqueta – além de um profundo interesse pelo assunto (como, aliás, grande parte das pessoas).

Nem sempre é possível abordar todos os casos em detalhes, e a ideia não é oferecer respostas e soluções fechadas em um terreno onde tantas coisas são subjetivas. Ainda que encontremos alguém com quem possamos partilhar quase tudo, ainda que essa pessoa pareça ser nossa alma gêmea, muitas vezes essa sensação é apenas o reflexo de um desejo de nos aproximarmos ainda mais do objeto de nossa paixão.

As pessoas são diferentes na percepção, nos sentimentos, nas atitudes e nas reações. E, embora não seja possível abordar caso a caso, talvez ajude prever determinadas situações e refletir um pouco sobre as diferentes circunstâncias e maneiras de viver um sentimento. Espero que sim!

Claudia Matarazzo

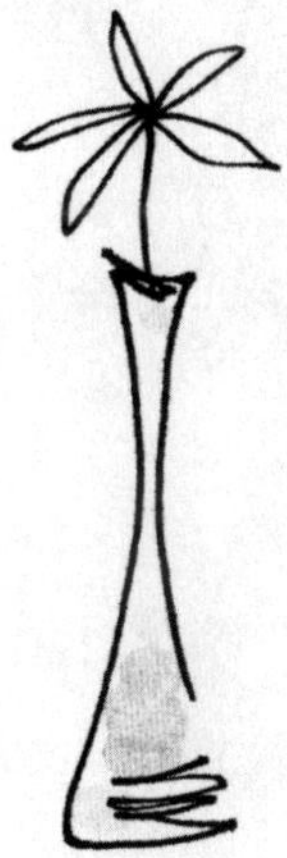

CAPÍTULO 1

etiqueta a dois — e precisa?

Quando comecei a escrever sobre etiqueta, jamais imaginei que o tema pudesse ter tantos desdobramentos. Mas a verdade é que, de todos os assuntos passíveis de serem abordados sob a ótica do comportamento, o relacionamento amoroso é, sem dúvida, o mais estimulante. E – podem estar certos – também o que exige mais atenção.

Para compreender melhor as razões disso, talvez seja interessante voltar um pouco no tempo: em 1968 falava-se muito em conquistas femininas, independência das mulheres e outras maravilhas que foram consolidadas por aquela geração efervescente e corajosa. Como todos os que vieram depois de 68, tive a sorte de já encontrar o caminho aberto para usufruir, sem problemas, de uma série de privilégios impensáveis alguns anos antes.

No entanto, algumas décadas depois de tantas conquistas femininas, da consolidação do amor livre e das supostas igualdades entre homens e mulheres, não é que namorar, casar e encontrar a cara-metade não parece tão simples quanto já foi algum tempo atrás?

Esse é um grande contrassenso, que acaba por se transformar em um enigma cuja solução representa um grande desafio. Sim, pois no momento em que escrevo, o jornal *A Folha de São Paulo* traz um artigo da antropóloga Monique Gardenberg com o título de "Campeão do Sexo", referindo-se aos brasileiros em geral.

E os números são espantosos: o brasileiro faz sexo 145 vezes por ano (uma média de 3 vezes por semana) e só perde para os gregos.

Ninguém bate os brasileiros na quantidade de parceiros sexuais ao longo da vida: nada menos que 12 – contra 10 dos nossos vizinhos latino-americanos – aqueles que cunharam a marca *"latin lover"* para a posteridade.

Para confirmar essa imagem, o brasileiro é vice-campeão mundial na duração do ato sexual em si (média de 21 minutos) – só perdendo para a Nigéria, onde a média é 24 minutos.

Para completar, somos os campeões absolutos da infidelidade – o que não é exatamente um sinal de que somos bons em lidar tanto com a nossa sexualidade quanto com relacionamentos em geral.

Na mesma matéria, Monique Gardenberg afirma que encontra uma grande defasagem de informação quando muitas mulheres entrevistadas reclamam, entre outras coisas, de dificuldade em atingir o orgasmo, da necessidade de fingir prazer para deixar o parceiro feliz, de falta de desejo e prazer, insegurança com os próprios odores e, para completar, medo de falar o que gosta na cama.

Ôps! Como assim? Onde estão os "campeões do sexo" enquanto suas companheiras fazem esse tipo de queixa? Concordo plenamente com a antropóloga quando ela diz que a força dessa representação de "herói da cama" acaba provocando uma grande frustração em gente que poderia estar vivendo uma vida muito satisfatória, não fosse o fantasma dessa imagem a assombrá-la – uma vez que o mito do campeão, quando comparado à realidade da vida de cada, produz uma incômoda sensação de inadequação e até mesmo de incompetência.

Acredito de verdade que é preciso pensar, rever conceitos e resgatar emoções completamente esquecidas.

Até porque, com as novas tecnologias, namoros virtuais, velocidade, risco e imprevisibilidade muito maiores implícitos nos encontros amorosos – e pronto! Foi criado um impasse bem maior para comprometer a harmonia dos relacionamentos.

Que coisa, não? Mas não pode ser tão complicado assim! Afinal de contas, se duas pessoas que se amam souberem substituir a velha insegurança dos primeiros encontros por uma atitude mais positiva, certamente viverão o prazer de uma forma muito mais intensa.

Além de um pouquinho de sorte, todo encontro precisa de muita boa vontade, investimento de tempo, carinho, confiança e, é claro, um jeitinho especial na hora de conduzir cada situação. E aí, quem sabe, talvez a coisa evolua para uma parceria importante e inesquecível vida afora.

Em um bar o sujeito pergunta o nome da garota.
Ela responde: "Você vai me paquerar, vamos conversar, depois de uns beijos vamos para casa fazer amor, vamos repetir, vou gostar, vou querer namorar, compromisso, você vai fugir e vou te achar um babaca.
Você quer mesmo saber meu nome?".
Pois é.
Quem disse que era fácil?
Mas pode ser mais simples se a gente se ligar em alguns detalhes que, mesmo parecendo frescura, facilitam muito o entendimento, a aproximação, a atração...
E não custa tentar.

Para aumentar o prazo de validade

Há pouco tempo presenciei uma conversa em que homens e mulheres lamentavam que hoje em dia os namoros durem tão pouco. Tentando entender a causa – uma vez que sempre se louva muito o fato de a tecnologia aproximar as pessoas e nos fazer ter um milhão de amigos –, provoquei: "Gente, mas se hoje é possível ficar com duas ou mais pessoas por noite na balada, escolher e até provar antes de levar para casa, como é que com toda essa facilidade os namoros não duram?".

Daí para uma discussão sobre técnicas de abordagem e locais ideais para encontros foi um pulo. E, em pouco tempo, o grupo chegou à conclusão de que, apesar da maior liberalidade praticada, podia até ser mais fácil rolar um primeiro contato, mas, talvez até mesmo pelo aspecto volátil e fugaz desses encontros, a coisa não durava.

Afinal, sempre se pode encontrar outra pessoa com facilidade. E mais: como quase sempre a ficada (ou a noite) está muito distante do que as pessoas consideram ideal, a maioria acha mais fácil tentar com outro parceiro em outro dia do que insistir no que já considera uma relação precária ou fracassada.

Ora, nem tanto ao mar nem tanto à terra: não dá para rotular um encontro de relação, certo? Mas também não dá para chamar de encontro um esbarrão na balada (ou em qualquer outro lugar), uma troca de olhares, hormônios que gritam e, saciada a vontade daquele momento, achar que sinos do paraíso vão tocar! Além do mais, há uma idealização do que as pessoas acham que "merecem" como parceiros – e esse parceiro é bem difícil de encontrar. Mas sobre isso falaremos mais para a frente.

De modo que naquele dia começamos a mapear o que seriam bons lugares ou maneiras eficientes de iniciar um encontro com mais chances de dar certo do que apenas aqueles completamente fortuitos ou com roteiros predeterminados.

Ao vivo ou pela rede?

As opiniões se dividiram: havia os que acham que relações que derivam de um conhecimento ao vivo, embora deem mais trabalho, têm mais chances de funcionar do que aquelas que começam de forma virtual.

Já os que defendiam o conhecimento por meio das inúmeras ferramentas da rede social alegavam que era muito mais seguro marcar um encontro com alguém de quem já se conhecia alguma coisa do que deixar a coisa ao acaso.

De verdade, acho que ambos têm razão: se por um lado a rede pode nos fornecer uma série de subsídios, por outro, se alguém travar conhecimento ao vivo e superar os primeiros encontros – nos quais é preciso fazer um esforço real de percepção, conquista e adaptação –, esse relacionamento conta com uma base mais sólida e menos vulnerável a intempéries e crises.

É claro que estamos falando aqui de um namoro/relacionamento mais duradouro, e não daquele de algumas ficadas e noites – com um ou outro parceiro sumindo depois de um ou dois encontros. Ok, não há receita segura para que os relacionamentos "deem certo", até porque o conceito de "dar certo" varia muito de uma pessoa para outra. Porém, estamos falando de tentar *aumentar o prazo de validade* desse conhecimento – até mesmo para que se possa avaliar se, como romance, tem ou não chances de funcionar.

De modo que, na melhor das boas vontades, o grupo enumerou alguns lugares da vida cotidiana, *além das baladas* e locais aonde tradicionalmente as pessoas vão à noite para encontrar uma cara-metade, onde seria interessante investir para encontros mais duradouros.

Ora, se não há garantia de sucesso quando se fala em amor, em sentimentos, também não há problema em investir em alguma metodologia para alcançar determinadas metas. Até mesmo nisso.

Portanto, além de baladas, *sites* e pontos de encontro manjados em sua cidade, é bom ter em mente que há várias alternativas de lugares que, embora não tenham sido pensados para isso, são perfeitamente adequados para conhecer alguém interessante – às vezes com chances até maiores de que um encontro casual se transforme em algo mais profundo.

- **supermercados** – inclusive os 24 horas. Em geral, nos fins de semana, são frequentados por pessoas com perfil diferente das que fazem compras durante a semana. Conheço mais de uma história de encontros em supermercados que viraram namoros sérios. Hoje, com balcões de cafezinho dentro da loja e outros mimos oferecidos aos clientes, é mais fácil puxar conversa, e, para quem é mais exigente, dá até para examinar o conteúdo do carrinho do outro e decidir se os paladares se afinam...

- **padarias grandes e cafés** – A maioria das pessoas com quem conversei concorda que esses lugares hoje são pontos de encontro dos que preferem o dia: as padarias pela manhã, os cafés no final da tarde e também de manhã. E há também as padarias 24 horas, para onde as pessoas vão depois de uma festa, cinema ou balada.

* **livrarias** – Você não precisa ser um intelectual para frequentar uma. Hoje, além de livros, elas oferecem palestras, encontros, leituras de textos e também, em muitos casos, o clássico cafezinho. É o tipo do ambiente em que uma conversa casual pode se transformar em um encontro prazeroso, com descoberta de afinidades e preferências, num clima de tranquila privacidade.

* **cinemas/teatros** – Os de *shoppings* e centros culturais têm a vantagem de oferecer *lounges* e salas de espera que permitem que se chegue *antes* para observar quem vai entrar, comer e beber e, novamente, trocar olhares e ideias em uma conversa sem compromisso. E, de repente, até mesmo entrar juntos na sessão...

* **academias** – Hoje são pontos de encontro não só para quem gosta de atividade física, mas também para quem não gosta e está tentando ficar em forma. Com uma superestrutura para a atividade física, a maior parte delas oferece espaços onde os frequentadores podem ficar e se encontrar. Sem falar que qualquer série de exercícios – penosa ou leve – adquire outra dimensão quando executada ao lado de alguém interessante.

* **parques** – Têm a vantagem de ser ao ar livre e abrigar alternativas para quem gosta de jogar bola, pedalar etc. Além de oferecer mais espaço e privacidade, são cenários mais bonitos, mesmo para o início de um novo amor.

* **metrô, ônibus, refeitório do local de trabalho** – São lugares com destinos em comum e ações repetidas. E talvez por isso mesmo bons pontos de observação.

Talvez esse papo pareça meio do além para alguns – mas o que quero dizer é que encontros (e bons encontros) podem acontecer nos mais variados ambientes. E dependem muito mais do fato de seus participantes estarem com o coração aberto e preparados para perceber a outra pessoa do que do clima propriamente dito.

É preciso exercitar a percepção, o olhar, a reação, a troca de gestos – tudo o que possa contribuir para uma melhor e maior sintonia. E para isso, insisto, é essencial não apenas estar preparado, mas – e talvez mais importante – aprender a se desarmar para o amor.

Fuja dos chavões – armadilhas fatais para seus sentimentos

É sabido que as barreiras mais difíceis de transpor são aquelas criadas por nossa mente. Tratando-se de sentimentos que envolvem amor e paixão, isso se torna mais perigoso ainda.

Portanto, evite ao máximo cair em armadilhas, não se deixe levar por clichês manjados tidos como verdade universal e raramente questionados.

É o tipo da coisa que pode parecer engraçadinha ou pseudointeligente mas que pode nos levar a acreditar realmente naquilo, criando uma perigosa carapaça invisível que funciona como um verdadeiro repelente de boas sensações.

Só para citar alguns desses chavões:

- **Falta homem (ou mulher bonita) no mercado** – Eu, hein! Além da grosseria da expressão, mostra com clareza um enorme pessimismo ante qualquer situação ligeiramente mais adversa.

E, convenhamos, não faltam homens nem mulheres no mundo, falta apenas boa vontade para se comunicar melhor e exigir menos uns dos outros.

Um pouco mais de resiliência ou jogo de cintura, para falar de forma fácil, seria muito útil para as pessoas que insistem em ver o mundo apenas em preto e branco...

» **Todo homem legal é gay (ou toda mulher interessante é feia)** – Tão sexista quanto curta, essa frase é de uma pobreza ímpar de horizontes. E dispensa elaborações a respeito.

» **Homens não respeitam mulheres que transam no primeiro encontro** – Pode ser que sim, pode ser que não. Quem disse? O problema de transar no primeiro encontro me parece mais relativo a uma eventual falta de intimidade/cumplicidade/atração do que à impressão que tal atitude pode causar. Depende do primeiro encontro, das pessoas envolvidas e de tantas outras variáveis que nem me atrevo a fechar questão nesse assunto.

» **Se eu não ceder em tudo ele cai fora** – Essa pérola surgiu da percepção de que sempre há e haverá uma porção de outras mulheres louquinhas para cair matando em cima do seu homem tão duramente conquistado. E, acrescida da frase anterior sobre a falta de homens do mercado, é uma das melhores receitas para se envolver com o primeiro sujeito "mais ou menos" que surgir (principalmente em um momento de carência) e não se livrar mais dele. Daí a emaranhar-se sem saber por que em um relacionamento sofrível, perdendo tempo e alegria, é um pulo...

Companheiras, pensem que nada justifica todo tipo de concessão e violência contra nossos anseios mais profundos. É fria!

» **Quando o sexo cai na rotina é o fim do relacionamento** – Será? Quem define rotina? E se a rotina estiver deliciosa?

» **Não existe sexo no casamento** – Quem disse? E como explicar casais juntos e felizes anos a fio, perfeitamente contentes e saudáveis?

⅌ **Mulher só quer namoro com compromisso** – Nem sempre. Mesmo. Independentes, mais do que nunca as mulheres querem namorar para... se divertir, passear, rir e viver boas experiências. Assim como muitos homens.

A lista de clichês usados de forma supostamente esperta – mas que na verdade apenas camuflam a enorme resistência que as pessoas têm em se desarmar – é enorme.

De modo que, mesmo correndo o risco de parecer uma ingênua romântica do século XIX, arrisco dizer que um pouco mais de doçura, em um mundo que carece justamente disso e de outros predicados que revelam suavidade, só pode fazer bem. Até mesmo para ficar só. Exercitar a tal suavidade é o grande desafio. Mas funciona.

> Um beijo pode não ser verdadeiro, mas é aquilo que desejamos que seja verdade.
>
> Steve Martin em LA Story

Beijar é tão bom!

Acredito de verdade que olhares podem desencadear verdadeiros incêndios no coração. Mas o beijo.... Aposto que você se lembra de seu primeiro beijo! Não apenas do primeiro que deu na vida, mas também dos primeiros que deu em todas as pessoas que foram importantes para você.

Pode ter sido apenas bom, talvez decepcionante ou delirantemente gostoso. Mas você lembra. Provavelmente mais até do que da primeira transa. Afinal de contas, se o beijo for mais ou menos, as chances de rolar mais alguma coisa depois diminuem sensivelmente. A verdade é que um beijo pode ser muito mais mágico e conter em si mais harmonia e mistério do que uma noite inteira de malabarismos sexuais.

Um beijo pode ser delicado e sutil, mesmo quando selvagem. Talvez por essa razão existam centenas de fotos e livros com beijos famosos, capazes de mexer com a gente muito mais do que qualquer foto de tanquinho sem camisa ou da bonitona da vez. Não é para menos. Basta lembrar o balé que antecede um beijo – que sempre parece acontecer em câmera lenta.

A conversa, qualquer que seja ela, é interrompida – quase sempre por ambos ao mesmo tempo. O olhar torna-se muito mais importante, e os corpos se aproximam, perdendo a consciência de tempo e espaço.

Em uma fração de segundo, estamos colados na outra pessoa. A respiração e o ritmo dos corações se aceleram, fundem-se em uma só sensação, enquanto as bocas... ah, as bocas se encontram, saboreando segredos da alma.

Não é à toa que a prostituta interpretada por Julia Roberts no filme *Uma linda mulher* vendia todos os seus favores e truques por um preço a combinar. Menos seu beijo. Ela provavelmente sabia que um beijo pode revelar muito mais do que desejaríamos.

Quando duas pessoas o partilham, estabelece-se entre elas uma profunda e implícita intimidade, frequentemente irreversível. Um beijo pode deixar uma saudade danada – mesmo quando não lembramos mais nome, endereço ou mesmo o rosto de quem nos deixou impressa essa deliciosa lembrança.

Acredito piamente que é preciso haver certa liturgia do beijo. Hoje as pessoas beijam-se em qualquer lugar, principalmente na frente das câmeras, escancarando uma intimidade no mínimo desaconselhável. Beija-se o outro antes mesmo de conhecer aquele mínimo indispensável para que não haja um arrependimento imediato – daí talvez a desilusão precoce das novas gerações quando falamos em amor ou paixão.

Mas isso é assunto para outro momento. Falo aqui do quanto é bom e do quanto o singelo beijo deveria ser mais valorizado.

Existe etiqueta para beijar?

Já me perguntaram isso mais de uma vez. E é claro que a coisa não é tão rigorosa assim. Mas que há formas e formas de fazer a coisa não resta dúvida.

Para começar você pode estar beijando alguém no claro ou no escurinho. E muda tudo. Na penumbra são permitidos toques mais ousados, coisas que, no claro, podem expor o(a) parceiro(a) sem necessidade.

Existe o beijo sentado, que muitas vezes nos obriga a malabarismos estranhos quando há braços de poltronas, por exemplo, que atrapalham. Já o beijo em pé é o beijo malandro. Do encaixe perfeito.

E há o beijo/abraço que acaba virando amasso. Uma delícia, claro, mas pode criar alguns constrangimentos. Ainda mais em tempos de politicamente correto, se não quisermos ser admoestados firme, gentil e publicamente por algum segurança.

Minha filha adolescente se preocupa muito com o beijo entre pessoas que usam aparelhos fixos. Preocupação boba, claro, pois nunca ouvi nenhum relato de gente que deixou de beijar alguém de quem realmente gostasse por conta de um ferrinho nos dentes. Afinal, um beijo é muito mais do que bocas que se encontram.

É desnecessário dizer que o beijo com ruídos é reservado a lugares privados. Mas há quem não entenda isso e nos submeta a um sem-fim de estalos de língua e palato, gemidos e outras evidências sonoras do prazer de beijar.

Como se vê, há maneiras de beijar e certo "modo de fazer" a coisa. Mas nada, nada mesmo, me tira da cabeça que melhor ainda do que o beijo (com alguém que realmente importe, claro) é *o momento que o antecede*. Aquele segundo em que os olhos se encontram e temos certeza de que, daí em diante, muita coisa está para mudar – para melhor.

A iniciativa feminina

Uma das dúvidas que percebo mais frequente e que persiste mesmo meio século depois da revolução feminista é: qual o papel da mulher no jogo da sedução? A etiqueta tradicional certamente não dá conta dessa questão porque, fora dos limites do lar e da família, a mulher nunca teve um papel bem definido. Mas felizmente as coisas mudaram, e cabe a nós, mulheres, consolidar essas mudanças. A mulher conquistou direitos em todas as áreas, e, no que diz respeito a sexo, não poderia ser diferente.

Mas ainda há muita dificuldade, resistência mesmo, para assumir e entender plenamente esse fato. Portanto, convém ir devagar. Ao serem diretamente assediados por uma mulher, muitos homens se esquecem de que estão no século XXI e que o tempo da submissão já passou. E a abordagem tem um efeito contrário: em vez de atrair, acaba afastando.

Você está achando que esse papo de mulher pegar leve é coisa de uma mente jurássica e ultrapassada? Não é mesmo. Alguns homens ficam aflitíssimos, pois nunca fomos tão criativas para demonstrar nosso interesse. E há quem resvale no mau gosto. Por isso, deve-se usar sutileza.

Relato o caso do depoimento apavorado de Carlos (nome fictício) em uma entrevista sobre o emprego temporário de Papai Noel em dezembro de 2012. Sentado na cadeira alta do bom velhinho no *shopping*, ele estava tão compenetrado que nem reparou que a próxima baixinha da fila era uma mulher feita. Estampou um sorriso educado e quase caiu do trono quando ela lhe pediu para sentar no colo dele. Pego de surpresa, Carlos concordou. Rapidamente, a moça sentou no seu colo, conferiu-lhe o físico apalpando-lhe o abdômen e deu-lhe uma boa cheirada, enquanto alguém tirava a famosa foto.

Feito isso, levantou-se e foi embora. Dez minutos depois, outro rapaz entra na fila e, chegada a sua vez, entrega a Carlos um papel com diretrizes e o recado da patroa: ela queria que ele a encontrasse depois do expediente e arrematava o bilhete dizendo que pagava bem...

"E aí?", perguntamos todos a Carlos, em suspense.

"Fui pra casa correndo", disse ele. "Não dá pra confiar em uma louca dessas", acrescentou Carlos.

Sua resposta gerou controvérsias, claro: mas nenhum dos homens presentes achou muita graça ou criatividade no expediente direto e agressivo da moça – que, se tivesse sido usado por um homem, talvez fosse mais bem-aceito.

Anos e séculos de dominação cultural ainda causam essa reação. Pode-se não concordar com isso, claro. No entanto, é preciso combater esse preconceito com muita firmeza, e também com o dobro ou o triplo de sutileza.

Finalmente, é preciso lembrar que há uma série de inconvenientes sociais a que estamos sujeitas ao sermos flagradas cantando alguém, e que figuras como as melhores amigas, que foram as primeiras a incentivar essa abordagem direta, serão as primeiras a nos rotular de... qualquer coisa.

Calma! Não digo que devemos nos privar do prazer de seduzir. Simplesmente devemos fazê-lo com certa delicadeza. Há milhões de abordagens sutis, que podem levá-la ao sujeito objeto de seu desejo sem expô-la desnecessariamente. E, se ele não for capaz de perceber sua sutileza, pense bem: será mesmo esse o homem que você quer?

"A virgindade é a arma da mulher!"

Cresci ouvindo essa frase de minha mãe, que, por sua vez, a ouvira de minha avó até se casar – depois de cinco longos anos de namoro resistindo e usando a "arma" bravamente. Era algo que me parecia muito exagerado. Sou da geração que acompanhou a queima de sutiãs e todas as reivindicações feministas, e, felizmente, pude escolher – apesar de minha mãe – entre usar ou entregar tal "arma".

No entanto, embora tenhamos conquistado uma série de direitos, no que se refere ao relacionamento entre homem e mulher vejo-me obrigada a constatar que, em alguns casos, a esperteza libanesa que orientou minha avó a dar tal conselho poderia ser muito bem aplicada. Calma... Não estou defendendo um retrocesso em nossas conquistas.

Porém, por mais que se digam "modernos" ou "esclarecidos", os homens não conseguem mudar seus conceitos e preconceitos da noite para o dia. E, convenhamos, algumas décadas de libertação feminina – em termos de tempo histórico e milênios – equivalem a menos do que o período da noite para o dia.

Assim, quando dizem adorar que a mulher tome a iniciativa da conquista, os homens até que estão sendo sinceros. Nós é que não compreendemos que eles realmente adoram que tomemos a iniciativa – desde que seja nos termos deles. Isso significa que até gostam de ser assediados, desde que continuem a se sentir fortes e predadores.

Para se ter uma ideia do quanto isso, embora parecendo jurássico, ainda é verdadeiro, hoje existem cultos e cursos em que pastoras e professoras ensinam as mulheres a ser...femininas. Na base da delicadeza, e não no estilo popozuda cachorra que vem dominando o cenário há algum tempo. Pois é. Antes de torcer o nariz, indignada, pense se o caso não merece certa reflexão.

Na verdade não é tão complicado. Apenas exige que, ao tomar as rédeas no jogo da sedução, adotemos uma postura, no mínimo, diferente da deles em situações semelhantes.

Bateu, levou! – Horrível essa expressão, não é? Pois lembre-se dela ao usar uma sinceridade quase brutal e ouvir um sonoro não. Se gostamos de sutileza e de suaves preliminares, por que você acha que deve agir de forma diferente só porque é mulher liberada e vai dar o primeiro passo?

Ok, você até que foi superdelicada: depois de meses de convivência, encheu-se de coragem e falou como se sente. E ele, igualmente delicado, simplesmente declinou de sua oferta. Suma. Não por sentir-se a última das mulheres, mas para que ele tenha a oportunidade de sentir sua falta. E, acredite, quase sempre eles sentem...

De primeira, não – Sim, eu sei que grande parte das pessoas não está nem aí para conhecer melhor o sujeito (ou a moça) e parte logo para ficar na balada e eventualmente chega até mesmo a um sexo casual na primeira noite. Nada demais, quase todo mundo faz isso. Ainda bem que é quase.

Mas e aí? É tão bom assim? Se sua meta é sexo casual, vá fundo. No entanto, se estiver pensando em um relacionamento um pouquinho mais gratificante, espere. Simples assim. Até porque é praticamente impossível ter uma experiência de fato de real importância invadindo sem a menor cerimônia a intimidade alheia. Literalmente e em todos os sentidos. Espere saber quem é a figura de verdade. Quais suas preferências, seus cheiros, seus pequenos tiques. Espere até ter arrepios de vontade de sentir suas mãos em você. E até criar um mínimo de cumplicidade ou, pelo menos, de intimidade.

Como mostrar interesse? – A coisa já foi além dos olhares e sorrisos, e você quer ter alguma perspectiva. É hora de partir para um convite mais concreto. Mas considere alternativas menos comprometedoras: cinema, almoço para experimentar um restaurante novo, futebol ou qualquer outro jogo ao vivo (se ele for do tipo esportivo).

Ok, dá para arriscar um jantar à noite, com direito a sobremesa, cafezinho e "esticada", mas é bom estar certa do que quer – e saber lidar com a decepção se a coisa ficar apenas nisso.

Demonstrações concretas de sentimentos – Flores, presentes, bilhetes, e-mails, sms, sempre com discrição. Se ele não estiver caidíssimo, provavelmente não vai achar muita graça no telegrama animado que invadiu sua sala em pleno expediente no escritório. A hora e o momento certos são quase mais importantes do que o gesto em si.

Os homens não gostam de Barbies –Bom, talvez gostem, mas só da aparência da boneca, tá? No que se refere à atitude, pode ter certeza de que a maioria prefere algo mais eficiente e pensante. Não tenha medo de mostrar que tem opinião própria. No entanto, se for completamente diferente da dele, demonstre isso com leveza. E não insista, apenas pontue o fato.

Vestida para caçar – O erotismo é um ótimo estimulante, e os homens adoram olhar para mulheres que lhes sirvam de fetiche e sonhar com elas. Se é você quem está assumindo o roteiro, é bom considerar que, quando alguém vestida como um ícone sexual cai no colo dele, o efeito pode ser contrário: assustado, é possível que ele fuja. Afinal, uma coisa é sonhar com a mulher-maravilha, imaginar fantasias com ela, e outra, muito diferente, é ser escolhido por ela como objeto dos seus desejos e ter de dar conta do recado...

Humor: sempre uma grande arma – Uma coisa é ser uma pessoa séria. Outra, muito mais entediante, é se levar a sério. Senso de humor e autoironia são qualidades pra lá de apreciáveis. Mostrar que é uma pessoa leve, que sabe tirar partido do inusitado e rir de contratempos, pode contar muito mais pontos do que uma série ensaiada de caras e bocas. É claro que, muitas vezes, não dá para rir à toa. Porém, o som de uma risada gostosa, genuína, pode ser muito sensual e altamente estimulante.

Ele e a turma – Pense duas vezes antes de fazer alguma demonstração mais explícita ou um convite na frente dos amigos: ele pode se sentir constrangido e reagir de maneira imprevisível. Aliás, preste atenção à reação da cara-metade em relação a amigos e família: se ele fala (e o que fala), se convida para conhecer (ou diz que quer que conheça). E não force a barra para conhecer. Pelo menos, não antes de um bom tempo de relacionamento. Meses, tá?

É muito importante deixar fluir o que vocês têm por algum tempo antes de forçar ou permitir interferências de terceiros. Estreitar e aprofundar o vínculo vai ajudar muito na hora de lidar com outras pessoas importantes para cada um.

Surpresa tem hora certa – É isso aí. E, na casa dele, se a surpresa for a sua presença, o desfecho pode não ser tão bom. Nem pense em aparecer sem avisar. A não ser que ele já tenha dado muitos sinais de que está só esperando esse empurrãozinho...

Seja uma mulher diferente... e mais interessante

É muito comum ouvir, entre mulheres, as queixas mais variadas: "Não sabem o que querem", ou "Estão muito galinhas, só querem pegar todas" e , naturalmente, nunca falta a clássica "Namoram um pouquinho e depois somem".

Pois é. Quem disse que é fácil? A verdade é que talvez não estejamos prestando a devida atenção ao assunto. Passamos tanto tempo subjugadas, sem questionar nada, e, depois, preocupadas em questionar tudo (e reivindicar mais ainda), que certamente nossa percepção está comprometida.

Calma. Não se trata de machismo gratuito. Mas tomemos algumas situações bem prosaicas em que muitas vezes deixamos de agradar simplesmente por não estarmos ligadas na tal diferença entre os sexos. *O fato é que há algumas características femininas até divertidas para nós, mulheres, mas que são consideradas profundamente irritantes pelos homens. Muitas vezes eles bem que têm razão. Em outras, estão sendo simplesmente intolerantes...*

Mas para que dar moleza ao acaso? É melhor ser esperta e fugir do estereótipo do que *eles* consideram nossos piores defeitos. E – por que não? – surpreendê-los com algumas atitudes diferentes do que esperam...

ᛃ **Não exija privilégios especiais por ser mulher** – Não lutamos tanto tempo pela tal da igualdade? Não estou dizendo que você não aceite que ele pague a conta. Porém não é preciso enfatizar o quanto você é especial por ter nascido menina. E, se em um momento delicado ele não for capaz de perceber a diferença entre você e um brucutu peludo, fuja.

ᛃ **Tente resolver os problemas** – com mecânicos, técnicos virtuais e burocráticos (e toda sorte de chateações do dia a dia) sem empurrar o abacaxi para ele. E evite pedir socorro de hora em hora comentando sua dificuldade... Hoje em dia, ninguém mais tem tempo para lidar com essas chateações. Sem contar que os homens já não possuem (nem fazem questão de possuir) aquelas habilidades técnico-mecânicas outrora tão requisitadas.

ᛃ **Não se faça esperar** – Pontualidade é uma qualidade universal, mas, no caso das mulheres, por ser inesperada, é uma gentileza imensamente apreciada por qualquer homem.

ᛃ **Não banque o bibelô** – Evite alardear que é frágil, bobinha, "incapaz de...", "não sei se aguentaria" etc. É o tipo do comentário que faz com que você pareça um peso morto (embora até bonitinho) e o deixa em pânico ante a perspectiva de ter de dar conta de tudo.

ᛃ **Aceite contratempos com humor** – Por mais difícil que seja, não tenha medo de rir de si própria e não leve tão a sério as trapalhadas cotidianas. Com certeza, ele se sentirá muito aliviado se, em um momento particularmente complicado, em vez de levar a coisa a ferro e fogo, você simplesmente der risada e falar uma bobagem qualquer.

» **Seja cúmplice** – das manias, das qualidades, dos defeitos dele e até mesmo dos programas "de homem" que ele faz. Procure se interessar sinceramente – por que não? Se não for possível, pelo menos dê uma força. E nem pense em criticá-lo na frente de outras pessoas.

» **Tenha o seu próprio dinheiro** – Se não tiver, dê um jeito de ganhar. Se não der, procure gastar o mínimo possível o dele. Como é difícil, faça-o pelo menos acreditar que você é uma *expert* em economia. E tudo sem muito barulho ou cobranças.

» **Esqueça a dieta** – É isso aí. Pare de fazer regime e de ficar falando sobre o assunto o tempo todo. Valorize uma boa refeição, um bom vinho e outros prazeres dos sentidos. Mostre que seu apetite "vai muito bem, obrigada". Essa atitude é mais apreciada do que se imagina.

» **Agradeça sempre!** – Se você acha que, só porque é mulher, merece o céu, e que, como ele está apaixonado, tem de buscar a lua para você, não se iluda. Um dia ele se cansa. Agradeça muito todas as delicadezas que ele lhe fizer no dia a dia. Qualquer presente tem de ser recebido com a alegria de um prêmio. E cada sorriso, devolvido com beijinhos.

Exagerei? Sou uma Amélia em fim de carreira? Talvez. Em todo o caso, experimente fazer isso e depois me conte.

Amante exigente

Decididamente, é muito difícil ser uma mulher vencedora no amor/sexo nos dias de hoje. Os papéis de homem e mulher estão completamente misturados – quando não invertidos. Além disso, há uma série de novas ferramentas de comunicação interferindo logo no início do relacionamento. Acreditem: era muito mais fácil há alguns anos.

Chamem-me de jurássica – sou. Mas que era mais simples antigamente, não resta dúvida.

Tomemos como exemplo uma simples noite de amor. A primeira. O sujeito, encantado, depois das horas ardentes, no dia seguinte infalivelmente telefonava. E mandava flores. Dúzias. Havia os que mandavam flores todos os dias durante vários dias. Mesmo os que não davam conta dessa extravagância faziam questão de marcar a deferência que tinham pela moça oferecendo (ou mandando) um singelo buquê ou uma única flor. Mas o gesto era importante: traduzia apreço, desejo, encantamento.

E isso valia para uma noite de amor *standard* – daquelas que poderiam até nem evoluir para algo mais sério. Porque, se fosse esse o caso, aí era um tal de se desdobrar para imaginar e descolar presentes tão originais quanto valiosos para oferecer à amada!! Valia tudo: de joias a peças artesanais raras, de poemas a caixinhas de música, de cortes de seda e perfumes a preciosas antiguidades.

Com o tempo, a moça, sentindo-se uma rainha, aceitava as propostas mais ousadas do moço: topava casar-se, quando não se juntar a ele ou fugir mesmo. Mas, para chegar a esse ponto, eram presentes, gestos e provas de amor sem-fim!

O tempo passou, as mulheres conquistaram uma série de direitos, tornaram-se independentes para tudo e perderam a capacidade de inspirar tais regalias. Não sei bem a razão, mas elas reclamam à beça de várias coisas sempre que engatam um namoro novo.

Para começar, muitas reclamam que já não têm mais a liberdade de esperar amadurecer algum sentimento, uma vez que isso seria considerado careta em um mercado competitivo de modernas cachorras. Assim, as mais românticas acabam por embarcar em uma noite de sexo – sem estar muito convencidas de que já há intimidade e cumplicidade para isso – apenas para garantir que outra não o faça. Aí, no dia seguinte timidamente esperam... presentes? Flores? Um telefonema talvez do fofo? Imagine – quem elas acham que são? Desanimadas, acabam por contentar-se com uma mensagem virtual – curta. E que não respondam ou tentem contato mais de uma vez, pois correm o sério risco de serem consideradas "grudes"...

Desanimador mesmo! Quem disse que é fácil? Cada vez mais resignadas, as mulheres andam contentando-se com pouco – muito pouco mesmo. Racham as contas (ok, são independentes, então por que não?). Mas, para se encontrar com o sujeito, submetem-se a micos sem fim: dirigem até o local do encontro (para facilitar a vida dele, que não tem paciência para o trânsito quando ela mora longe). E há ainda a pior das infâmias: se estiverem juntos na casa dele, aceitam voltar para casa no meio da noite. E por conta própria, para "não incomodar".

Horrível não? Mas é apenas uma amostra do quanto a vida ficou bem mais difícil para as mulheres independentes de hoje. Dá o que pensar, não é, meninas? Talvez seja hora de virar a mesa. Mais uma vez – e a nosso favor.

Mas como reverter isso? – você deve estar se perguntando. Bem, com firmeza e na base da atitude e ação individual, sem medo de ousar. Pois muita gente acha que, ao se comportar de forma diferente da média, estará correndo o risco de não emplacar um namorado. Triste, mas a situação anda tensa assim...

Ora, da mesma forma que é importante a percepção correta do parceiro, é fundamental manter a calma, o foco, e não ceder à ansiedade – coisa muito comum em início de namoro. Para sentir mais segurança em momentos de impasse, tente alguns critérios.

Frieza com sentimento – É possível, sabia? Guarde essa sensação deliciosa de borboletas na barriga, expectativa e tesão em um compartimento bem diferente daquele que vai analisar se a pessoa em questão realmente atende àquilo que você espera ou se é só a perspectiva de estar novamente apaixonada que faz você se sentir assim. E tente não exagerar na expectativa: seja realista e sincera – na medida em que a arrebatadora sensação de apaixonamento permitir...

Conforme o seu *timing* e temperamento – Se a coisa não estiver de acordo com o seu jeito de ser e/ou pensar, se você começar a se sentir mais desconfortável do que simplesmente insegura ou palpitante devido ao novo romance, ligue seu sinal de alerta no modo forte: vale a pena continuar na zona de desconforto? Talvez seja melhor abrir o jogo antes que a coisa desande para um relacionamento truncado. Mas pare para refletir – coisa que poucas fazem nessa fase.

Mantenha a perspectiva – Difícil mesmo. Ainda mais se a paixão for das grandes e a pessoa em questão parecer quase perfeita. Mas é importantíssimo ter em mente suas prioridades (ainda que possam e devam ser flexibilizadas), seus valores e suas preferências – que podem sofrer pequenas adaptações ou mesmo evoluir para outras, mais parecidas com as do novo amor. O que não dá é para perder de vista quem você é e o caminho que trilhou para chegar aonde está agora e – mais importante – aonde pretende ir e o que ainda quer alcançar.

É claro que esses são critérios muito pessoais, que podem mudar caso a caso. Mas é preciso usá-los como regra, até para manter um mínimo de coerência e não acabar vivendo num "regime de exceção", a ponto de nem mais se reconhecer, ou à sua rotina, por conta de concessões a novos amores.

Jovens e virtuais amores

No meu tempo, chamava-se "tábua". Depois virou "fora" e hoje é "toco". Mas, não importa o nome, é sempre muito ruim.

O garoto, depois de superar uma boa dose de insegurança, chegava com o maior cuidado e perguntava para a menina: "Vamos dançar?". E ela, não se sabe se por timidez, caipirice ou pura falta de piedade, respondia alto, na frente de toda a festa: "Não, agora não...".

Tremendo toco. Só restava ao pobre garoto voltar para o outro lado do salão, que, àquela altura, lhe parecia estar a léguas de distância. E, dois minutos depois, observar, de cabeça erguida e orgulho em baixa, a mesma garota, abraçada a outro, dançando ao som da música.

Se você é homem e tem mais de 40 anos, deve estar se encolhendo só de lembrar alguma situação parecida. Se é mulher, provavelmente passou mais tempo reclamando das "vantagens de ser homem e poder tomar a iniciativa" do que pensando no quanto existe de difícil e delicado nessa suposta vantagem.

Certo, os tempos são outros e, graças a uma série de mudanças e conquistas, hoje em dia as mulheres também mostram abertamente suas preferências, sem ser condenadas. Porém a verdade é que, depois de séculos de condicionamento cultural (perdoem-me as feministas, mas temos de ser realistas), muitas mulheres ainda esperam que os homens assumam a responsabilidade do pontapé inicial nos relacionamentos amorosos. É claro que também podemos fazer isso, e a coisa toda fluir lindamente. Mas há que redobrar as doses de sutileza e, principalmente, fortalecer-nos para as possíveis e inevitáveis rejeições.

Todos com mais de 40 anos concordam que, nos quesitos "amor", "emoção", "conhecer", "primeiras vezes", "primeiras saídas e ficadas", a tecnologia de hoje muitas vezes pode mais atrapalhar do que ajudar. Sim, pois, antes de ter acesso a tantas "ferramenta de comunicação", quando o sujeito gostava de uma garota ou vice-versa, batalhava para conseguir seu telefone (fixo) e/ou endereço e/ou contato – e ia à luta. Literalmente, pois era uma batalha. Enfrentava uma série de pequenas e grandes dificuldades – desde o fato de ela eventualmente morar longe, não estar em casa na hora em que ligou e ter de ligar de novo ou deixar recado, até pais implicantes, cachorros na porta da casa etc.

Parece piada? Acontecia o tempo todo. A boa notícia é que, quando finalmente conseguia sair/visitar/ir ao cinema/ficar com a moça (ou ela com ele), os dois já tinham certeza pelo menos de uma coisa: *o interesse era real*. Se ia dar certo ou não era outra história. Mas, se depois de tanta briga o interesse persistia, acabava sendo uma base muito mais forte para o começo do relacionamento.

Ok, não dá para ficar no saudosismo e insistir que há algum tempo namorar era mais prazeroso do que hoje. Mas que era mais fácil, era. Que o digam as novas gerações, que reclamam de uma série de percalços – quase todos baseados na falta de comunicação causada pelo excesso dela. Contrassenso? Nem tanto. Em uma série de entrevistas com jovens de 15 a 25 anos, acabei por coletar uma série de informações sobre a comunicação e sobre os amores virtuais/eletrônicos, que, de simples, têm muito pouco.

Há um código – Disso não há como fugir. Nas mensagens, e-mails e *posts* há um código razoavelmente rigoroso, que, na falta da comunicação ao vivo, acaba servindo de filtro para que os jovens façam suas escolhas.

É claro que é um filtro falho. Não há como ter uma percepção acurada do(a) candidato(a) a novo amor de longe, essencialmente através de mensagens virtuais. Mas é o que esses jovens conhecem e do que dispõem. De modo que desenvolveram suas próprias regras, que provavelmente só serão consolidadas dentro de algumas décadas, quando o comportamento também já terá mudado muito.

Mas, hoje, a coisa funciona mais ou menos assim:

Elas ainda preferem que eles tomem a iniciativa – É isso aí . Seja para teclar, ligar por *skype* ou celular – elas preferem que eles deem o primeiro passo. A diferença entre essa atitude e a de nossas avós é que, se uma garota ligar primeiro, o cara não vai achar que ela é uma perdida. Mas, segundo elas próprias, vai achar que ela está "facilitando muito".

Como se vê, os costumes mudaram, mas não tanto – e nossas amigas feministas pioneiras devem estar arrancando os cabelos de onde estiverem... A boa notícia é que, à medida que amadurecem, namorados e namoradas em potencial adquirem mais jogo de cintura, e essa visão muda aos poucos.

Você quer ter razão ou ser feliz? – Não estamos falando de direitos iguais – e sim de relacionamento bem-sucedido. E, para entender esse raciocínio dos jovens no mundo de hoje, é preciso lembrar que, justamente pela facilidade de acesso a tudo – desde o perfil no *face* até ficar na mesma noite em que se conhecem –, os garotos se tornaram automaticamente mais seletivos. Afinal, eles podem. E elas, infelizmente, mais vulneráveis a armadilhas. E, por isso mesmo, previnem-se com regrinhas como essa de "esperar ele dar sinal".

Em tempo: estamos falando de primeiros amores, e não de um relacionamento mais maduro.

Escreve-se mais do que se fala – Pelo menos no começo. Não tem jeito. A tela – seja ela de computador, *tablet* ou telefone, funciona como uma espécie de escudo protetor. O lado bom disso é que, quando acontece, dá para disfarçar a decepção, a mágoa ou o constrangimento com uma frase qualquer ou mesmo não respondendo mais. E partir para outra.

O lado não tão legal é que as meninas (e mulheres em geral) não se conformam – e não conseguem interpretar de forma acurada as mensagens negativas.

Claro. Quando estamos apaixonados a tendência é fazer um esforço para adequar a mensagem a uma série de "e se?" Mais ou menos assim: o garoto não responde ou responde meio lacônico. Dificilmente esse será um sinal de que ele está correspondendo ao interesse dela, certo? Mas ela começa a pensar (e acreditar): "E se ele estiver muito ocupado agora?", "E se ele estiver em um mau dia?", "E se o celular dele de repente ficou sem bateria?", "E se...?"

Dessa forma, milhares de mal-entendidos são prolongados e desaguam em muito mais ansiedade do que se os dois estivessem ao vivo ou, pelo menos, conversando por celular ou *skype*. Mas a forma de comunicação mudou. E escreve-se mais do que se fala.

Atenção ao que vai na tela ou visor – Você pode abreviar, usar, conhecer e inventar *emoticons*. Mas, rapazes, já que vão fazer isso, é bom ficarem ligados em algumas formas de mensagens que elas consideram ofensivas/bregas/inconvenientes/ruins. É claro que a gíria e a forma de escrever variam de grupo para grupo, porém quase todas são unânimes em descartar mensagens com as seguintes grafias e símbolos (ou similares):

Grafias desaconselháveis:

- **Kkk** (risada)
- **Rsrsrs** (risada) – melhor
- **Pokaspokas** (risada) – nem levado em consideração

Acredite: em todos os casos acima, o **hahaha** (e não há há há) é muito mais usado, compreensível e aceitável.

- **Lindah** – linda
- **Tendi** – entendi
- **Ficah** - em vez de ficar
- **Fka** – versão pior ainda de ficar, segundo elas
- **Ti amo** e – supremo mau gosto – **tchi amo**...

Em resumo: escrever certo, por mais antiquado que pareça, ainda é algo bem apreciado (e percebido) pelos jovens. Bingo para eles – e para a língua portuguesa.

Expressões e respostas consideradas idiotas e ou perigosas – potencializadas por SMS:

- **Hahaha** – Embora usadíssima, não é exatamente uma expressão que demonstre brilho, talento ou seduza.
- **Tá** – resposta abominada pela maioria
- **Exato** – Elas também não gostam dessa e preferem que, quando houver concordância, ela seja mais elaborada.

- **Hm** – Como resposta, denota pobreza de tudo e falta de imaginação.

Atenção, meninos: mulheres gostam de falar e teclar muito mais do que vocês – isso é fato. De modo que, ainda que não pretendam discutir a relação por SMS, lembrem-se de teclar frases um pouquinho mais longas – assim, elas sentem que vocês estão sendo fofos e dando-lhes atenção. Quem é que não gosta disso?

Respostas e reações consideradas boas:

- Pensei muito em você
- Lembrei de você quando ouvi a música x
- Adorei a saída (depois de alguma saída)
- Adorei hoje (depois de um dia ou noite juntos)
- Desenho do coraçãozinho
- Desenho do abracinho

Parece muito óbvio? Pois acredite: elas reclamam que os diálogos no começo são tão difíceis que, quando conseguem esse tipo de manifestação, ficam muito felizes...

Cantadas que afastam as meninas – e ligam o sinal de alerta quando ditas logo no começo:

- Você é só minha
- Eu sou só seu
- Não quero pegar mais ninguém

Algumas dicas para quem troca mensagens muito:

Quem sugeriu foi um grupo de jovens, mas acredito que vale também para os mais velhos. Todas concordam que, embora seja uma delícia poder trocar mensagens a qualquer hora, é preciso uma regra de horário. Não trocar mensagens (muito menos para longas conversas) no período escolar. Trocar mensagens o dia todo também é considerado grude. E coisa de quem "não tem vida", nas palavras delas. Pensando bem, é mesmo. Assim, modere o tempo e capriche nas frases.

Finalmente, se quiser ser amigo dela para sempre, mesmo depois de algumas ficadas ou de um namoro rápido, nem pense em explicar isso por texto. É o que a maioria faz. Por pura covardia e comodismo, claro.

Mas garoto que é homem o suficiente para passar uma lábia tão boa ao vivo para dispensar a menina quanto a que usou para conquistá-la, passado o período mais crítico da rejeição, tem enormes chances de se tornar um grande amigo. E conquistar a lealdade eterna da gata. O que é bastante, não acham?

Seja diferente e fale ao vivo – Atenção, pois esse conceito é universal entre as meninas e mulheres entrevistadas : ela gostam mais, muito mais, infinitamente mais, quando o cara telefona. Principalmente no começo.

O motivo? A emoção de ouvir a voz. A oportunidade de decifrar nuances no tom, nas pausas e até na respiração do outro. E também curtem ver pelo *skype* a reação na expressão enquanto conversam. Simples assim. Ora, se é preciso tão pouco para suscitar esse tipo de emoção, por que não aderir logo em vez de continuar a tropeçar em mensagens que podem atrapalhar mais que ajudar?

***Skype*: prepare-se para ligar** – É isso aí. Como você vai aparecer em cores na tela dela, um mínimo de compostura é fundamental. Não precisa estar arrumadinho, engomado, mas elas todas concordam que, nas primeiras vezes, é bom estar de camiseta ou camisa – e não descamisado, de calção... O visual tanquinho sarado das novelas pode dar ibope na TV, mas elas todas garantem que, no começo, acham no mínimo estranha essa intimidade que invade sua casa ou seu quarto.

E, já que estamos falando nisso, é bom lembrar que ao fundo da tela o cenário deve estar minimamente em ordem, ou seja: sem nada comprometedor, feio, nojento ou bagunçado aparecendo. Questão de imagem mesmo...

Se quiser agradar mesmo – pergunte se ela pode *skypar* mais tarde e marque um horário. Isso é considerado pra lá de fofo entre as mulheres mais jovens, e de extrema delicadeza entre as mais velhas, que, por serem mais ocupadas, podem se programar.

E não esqueçam, rapazes, que mulher é mulher: enquanto vocês simplesmente alisam a camiseta e passam a mão no cabelo para entrar no *skype*, podem ter certeza de que, apesar da pose casual no momento em que atendem, momentos antes de se conectar elas até perfume passam...

Telefone: fixo ou móvel? – Você se encheu de coragem e resolveu ligar. Decididamente, faça isso no móvel. Ligar no fixo – por incrível que pareça – é considerado uma espécie de invasão de privacidade pelos jovens. O que não quer dizer que, uma vez mais firme o relacionamento, não seja aconselhável ter pelo menos o número do fixo. Pelo simples fato de que os móveis ficam sem bateria e fora de área com muito mais facilidade do que imaginamos. De modo que o fixo, para recados e emergências evita uma série de transtornos.

A questão é: como não pisar na bola?

Dá para evitar o horrível sentimento de rejeição? Sim, pois é impossível acertar sempre. Mas, baseada em relatos e histórias que tenho ouvido em minhas palestras, vou tentar ajudar.

Síndrome da abordagem – Chegar e abrir os sentimentos é tão difícil quanto dar um salto no escuro. Mas talvez ajude lembrar que, para quem está sendo abordado, esse também é um momento delicado. E não precisa ser necessariamente um salto no escuro. Antes de passar do pensamento à ação, procure clarear o caminho: informe-se o máximo possível, das maneiras que estiverem ao seu alcance, sobre a pessoa em questão. Não apenas quem ela é, mas também um pouco do seu perfil.

O quê? Não dá? Você acabou de encontrar a gata e não quer perder um minuto? Pois perca três. E observe. Perca mais um pouquinho e interprete o que observou. Lembre-se de que a estratégia, muitas vezes, é um elemento decisivo na conquista de países, títulos de campeonatos e – por que não? – de corações. Guarde todas essas informações como trunfos em um jogo de cartas para usá-las na hora de conversar, convidar, sugerir...

Vou ou não vou? – É claro que vai. Até porque você não ganha nada ficando parado. E como as mulheres sempre "esperam" algum sinal para começar a considerar um possível envolvimento, não é o caso de decepcioná-las. É claro que, para emitir esse sinal, você também precisa ter recebido algum encorajamento, certo?

Sinais - Podem ser vários, não é? Se você a encontra com certa frequência, tente se ligar na linguagem corporal:

- O que ela faz quando você chega um pouco (eu disse um pouco) mais perto?
- Já prestou atenção ao tom de voz que ela usa quando se dirige a você? Ela se mostra cúmplice?
- Ela ri ou sorri das coisas que você diz?
- Quando você olha, já encontra o olhar dela também pousado em você?
- Se você manda e-mails, sms ou mensagens no *face*, perceba se ela responde logo ou deixa passar um tempo. Ou se simplesmente ignora.

Não se atire de cabeça sem antes observar essas coisas. Isso evita constrangimentos.

Homens passando à ação – Não importa a estratégia pela qual você se decidiu, o que vale é que resolveu colocar o time em campo. Ótimo. Como acabei de afirmar, você está fazendo exatamente o que nós, mulheres, esperamos que faça. Porém (veja como é difícil ser homem), saiba que, embora gostemos de firmeza, também apreciamos imensamente – sobretudo nessa fase da abordagem – a sutileza. Difícil, não?

Mas, para o seu próprio bem, seja suave. Ainda que você leve uma "tábua" (ou um "fora", um "cano", um "pé ou um "toco "), é muito melhor que seja em resposta a uma abordagem sutil. É uma questão de física: lembra-se da lei da ação e reação? Pois é. Deixe para mostrar seu lado ardente quando já estiver mais perto.

Seja verdadeiro – É isso aí. Sabe a tal da intuição feminina? Funciona à beça. Nada de declarar amor imorredouro – se você não sabe se ele dura até a próxima segunda-feira – ou paixão à primeira vista – se não foi isso o que aconteceu. E também não diga que ela é a cara da Gisele Bündchen se não for. Pior ainda é tentar passar por quem você não é. Embora nem sempre detectemos esse tipo de mentira, a falsidade incomoda e nos deixa alertas e arredias.

Sem alarde – Eu sei, você quer chamar a atenção. A não ser que seja naturalmente exuberante, tente fazê-lo discretamente. Olhares, comentários, gestos gentis, sua presença silenciosa, porém concreta – tudo isso funciona mais do que aquele tipo que fala muito, conta piadas, declara bravatas e acaba virando um bobo da corte.

Não é à toa que os tipos preferidos de heróis de filmes são sempre misteriosos e calados. Não importa se ela prefere Richard Gere, Antonio Banderas ou Rodrigo Santoro – todos (pelo menos nos filmes) falam pouco. Ah! E o mais importante: jamais desistem na primeira ou segunda vez...

Um homem quase irresistível

A elegância é uma questão de cortesia e discrição. Está presente nos gestos e atitudes do dia a dia. Um homem realmente elegante está além dos padrões ditados pela moda ou da questão puramente visual. É cortês em todos os momentos – seja com a senhora do cafezinho, seja com a mulher dos seus sonhos. E seduz pela sua suavidade e capacidade de envolver.

A lista de gestos que podem fazê-lo notado é imensa. E varia conforme a situação. Porém, algumas atitudes, até corriqueiras, são infalíveis e podem ser facilmente incorporadas. São coisas que funcionam e agradam sempre. Se você não as fizer, pode até ser que ela não se dê conta. Porém, se as fizer, esteja certo de que vai ser percebido como alguém diferente, melhor, mais agradável, mais... bonito – por que não? E quem sabe também mais sedutor!?

- Mostre sempre interesse pelas preferências dela: desde o tipo de filme de que ela gosta, passando por passeios e até mesmo pela política. E prove, por meio de pequenos gestos, que se lembra delas e as leva em consideração.

- Não tenha medo de propor programas alternativos – desde que esteja familiarizado com eles. Saiba oferecer e vivenciar com ela outras opções de lazer além da balada ou da fórmula "jantar + cineminha". É o tipo da coisa que pode dar um sabor de aventura a qualquer encontro.

- Apesar de todas as patrulhas dos politicamente corretos, acender o cigarro para ela é uma gentileza a mais, sempre aceita com um sorriso. Mesmo que você não fume, procure andar com um isqueiro a postos. E nem pense em criticá-la por fumar.

- Lembre-se: em escadas, o homem sobe atrás e desce na frente. Por quê? Para protegê-la caso ela escorregue. Fácil, não?

- Tenha um cartão de visitas só com o seu nome – sem telefone, endereço ou e-mail. Use-o para mandar flores e presentes. O número do telefone não fará falta, pois você é inesquecível. E, com certeza, ela tem o seu telefone na agenda e na memória.

✤ Não dá para ser elegante de mau humor. Controle-se. Morda os dedos. Dê um soco ou mais no volante do carro. Grite sozinho. Mas, com ela, exiba no máximo preocupação. Mau humor, jamais. Além de brochante, hoje em dia tanto homens quanto mulheres têm pavio muito curto e pouquíssima paciência e tolerância com problemas alheios – já reparou? A turma quer mais é festa e, em um primeiro momento, exceto pessoas excepcionais (ou em casos excepcionais), dificilmente alguém será solidário com a causa de sua cara feia...

✤ Quando a mulher pede licença para se levantar, faça uma menção de se levantar – uma "meia levantada". É um gesto de atenção que certamente não passa despercebido.

✤ Esteja acompanhado ou não à mesa, quando uma mulher chega, você deve se levantar, sempre.

✤ Acredite: esses detalhes podem parecer uma frescura enorme, mas fazem toda a diferença. Para melhor.

Damas e cavalheiros do século XXI

Há quem diga que o cavalheirismo saiu da moda. Não mesmo. Talvez o cavalheirismo antigo, aquele cheio de rapapés e frescura. Mas esse é o tipo de coisa que não tem moda, e, se a gente entender o que é, fica mais fácil aplicar o conceito. O que define um homem como um cavalheiro não é tão simples e pode gerar controvérsias. Vou tentar descrever algumas qualidades encontradas naqueles com quem tive a sorte de conviver.

São qualidades universais: cavalheiros serão sempre bem-vindos em qualquer cultura ou grupo. E, embora façam particular sucesso entre as mulheres, são igualmente benquistos pelos homens – o que faz deles pessoas especiais.

Na prática, acumulam uma série de pré-requisitos nem sempre fáceis de encontrar em uma só pessoa. Pagam as contas (deles e do grupo, se necessário for). São corteses sem exagero, têm espírito e sabem reconhecer quando estão errados (coisa rara atualmente).

São criaturas que agregam e jamais dividem um grupo. E fazem o impossível para manter a turma sempre animada e coesa – e nem sempre é fácil, concordam?

Atitudes que fazem diferença: Um cavalheiro é rápido e cultiva uma série desses pequenos gestos que fazem parte do seu charme: levanta-se para ceder seu lugar, para acender um cigarro (sem jamais mencionar os males do tabaco) e para abrir portas ou puxar cadeiras – ainda que o carro tenha portas automáticas.

É alguém com o dom de tornar o mais banal dos relatos interessantíssimo. E, mais do que isso, é capaz de convencer seu interlocutor – quem quer que seja ele – de que o que está lhe dizendo é tão importante quanto inusitado. A pessoa sairá do encontro com a impressão de ter se tornado – pelo menos naquele intervalo de tempo – o centro do mundo.

Noções muito próprias de tempo e espaço: Nem sempre ele estará entretendo alguém da sua idade: um cavalheiro encanta igualmente senhorinhas de cabelos lilás, quanto uma garota de 7 anos – e ambas acreditam piamente que *ele* é que está absolutamente encantado com elas...

Ele saberá preparar coquetéis (e não apenas declamar nomes de rótulos de vinhos) e, se preciso for, até mesmo uma refeição rápida. Mas faz isso sem alarde e sem querer convencer ninguém de que o que está cozinhando é uma iguaria raríssima.

Sua casa estará sempre equipada: não com tudo o que há de melhor, mas com o básico para proporcionar conforto, calor e, eventualmente, atender a pequenas emergências. Seus amigos e parentes sentem isso, daí sempre gravitarem à sua volta e até disputarem o prazer de sua companhia.

- **Passam longe de fofocas e boatos:** Cavalheiros são discretos por definição e convicção. Quer coisa melhor nesses tempos de superexposição? Por isso mesmo as pessoas jamais falarão mal deles para valer. Salvo os invejosos, claro.

E todos esses requisitos não valem apenas para homens. Há a contrapartida feminina: uma dama.

Está achando isso papo de aranha? Não é. A boa notícia é que ninguém precisa ter todas essas qualidades. Ninguém é de ferro, e concordo que a perfeição é chatíssima (além de nos causar uma baita culpa por não darmos conta de tudo sempre). Mas tenho enorme convicção de que vale a pena exercitar o aprimoramento. De forma que, se cultivarmos pelo menos três dessas qualidades ao longo da vida (é possível iniciar com uma por vez), certamente nos tornaremos pessoas muito especiais – daquelas que fazem diferença. E que, por conseguinte, "têm a força".

De gente grossa, mal-humorada e dona da verdade o mundo está cheio. Já gentileza, atenção e leveza andam em falta e são sempre bem-vindas. Seja especial, seja diferente. Seja uma dama ou cavalheiro do século XXI.

Namoradinho é palavrão

Minha amiga Joana tem mais de 40 anos, fez faculdade com os filhos criados, formou-se e é independente financeira e sexualmente.

Vira e mexe me conta de seus amores, que, aliás, mudam bastante, pois, desde que se separou do marido, há alguns anos, ainda está na euforia de "se divertir" – como ela diz. Mas me incomoda muito, muitíssimo mesmo, a maneira como ela se refere a cada novo namorado que arruma: "Estou com um namoradinho novo"...

Noto que é um perigoso hábito de muitas mulheres contemporâneas se referirem a seus parceiros assim. É como se quisessem dizer: "Olha, eu sou leve, não levo nada muito a sério, não vou te comprometer...". É como se com isso garantissem seu direito de descartá-los rapidamente (da mesma maneira que morrem de medo se serem dispensadas antes) e, ao classificá-los dessa maneira, afirmassem a si mesmas e ao mundo que não estão perdendo grande coisa.

Pois a mim soa horrivelmente.

Parece o que fazem algumas enfermeiras de hospital, que tratam pacientes com doenças graves como se fossem imbecis: "E como estamos nos sentindo hoje? Melhorzinhos?". Pior é que, como se não bastasse o diminutivo, ainda usam voz de criancinha. E acabam por diminuir a importância da dor dos doentes.

Mas, voltando ao namorado: que homem gosta de ser considerado um "inho"? Eu, hein? Será que essas mulheres não percebem que reduzem esses homens a pó ao tentar parecer descoladas? Pior: que mulher pode se levar a sério se perde tempo com um *namoradinho*?

A mim sempre agradou investir sentimentos, sensações e tesão em homens que me inspirassem, de maneira igualmente intensa, muita admiração, muita paixão, muito....tudo! Mas namoradinho?!

Quero um namoradão, daqueles que nos deixam sem fôlego física, intelectual e emocionalmente. Daqueles que nos arrepiem a nuca só de lembrar do toque e que provoquem lágrimas nos olhos à simples lembrança de uma frase mais terna. Um namorado que me faça vibrar só de pensar nele, que me inspire sonhos grandiosos e me ajude a concretizá-los pelo simples fato de existir. Cujo olhar pousado em mim baste para me transformar em rainha – ainda que estejamos na fila do cinema.

Namoradinho é coisa de mulher pequena. De alma, inclusive. De pouca generosidade nas ações e nos sentimentos. Namoradinho é mixo. Para dizer o mínimo.

Da próxima vez que se apaixonar, pense nisso. E, se lhe ocorrer apresentar seu novo amor com essa expressão, desista dele de cara: ele não merece isso. E você provavelmente não está tão apaixonada quanto pensa.

Sondando o terreno: atenção às diferenças!

Esta fase já foi chamada de corte, paquera, azaração... Não importa o nome, a verdade é que a fase do pré-namoro ou da pré-ficada é um dos melhores momentos de qualquer relacionamento – não importa se ela dura anos, meses, dias. Ou se evolui ou não para algo mais sério.

No exercício da sedução, os pequenos gestos podem valer muito e adquirir grandes significados. E chegam a fazer diferença, traçando a linha entre o desejo e a conquista. O olhar é um elemento muito importante, fundamental: é o primeiro contato. Não são apenas os olhos que falam e conquistam, mas também o que e como eles falam. Sua atitude é muito importante nessa fase.

Seja apenas para ficar, seja para encontrar sua cara-metade, o importante é agir e não ter medo de ter criatividade ou adotar uma atitude diferente. E isso vale igualmente para homens e mulheres.

- **Tenha foco** – Não saia atirando olhares como uma metralhadora giratória. Canalize sua atenção para a pessoa que atraiu você num primeiro momento (muitas vezes, mesmo sem você saber direito o motivo) e descubra, pouco a pouco, como agradá-la.

- **Seja original** – Se você é homem, fuja das cantadas decoradas, machistas, piegas, e evite qualquer piadinha imbecil. O melhor caminho para o inicio de relacionamento é uma conversa sincera, interessante e interessada, que permita a ambos descobrir pontos comuns e gostos afins.

Elegância e cortesia – São verdadeiras senhas para abrir qualquer coração, feminino ou masculino. Lembre-se disso: em pequenos gestos ou nas grandes decisões, só pode ajudar.

Colegas – Se a pessoa por quem você se interessa for colega de trabalho, todo cuidado é pouco. É melhor conferir, várias vezes, se os olhares são recíprocos. Aproveite o almoço entre os colegas para criar mais cumplicidade. O passo seguinte é um convite para um almoço a dois, um café ou uma *happy hour*... e finalmente uma balada ou cinema. Aceitou? Pode ser que tudo esteja certo. Mas a sós com a pessoa de seu interesse, use sua sensibilidade e percepção e sinta as reações antes de partir para o ataque ...

Trocas de olhares no trânsito – Podem ser muito divertidas. Mas cuidado! Você não sabe nada da outra pessoa. Dê o número do celular ou do trabalho, nunca o da sua casa. E investigue bem antes do primeiro encontro.

Amores proibidos – Costumam ser gratificantes, pelo menos no princípio. Mas, antes de ceder aos encantos da filha ou filho da sua melhor amiga ou amigo, do(a) chefe ou do irmão do seu ex-namorado (ou da irmã da sua ex-namorada), lembre-se do futuro. Em geral, no começo é ótimo, depois fica tumultuado, e o fim é desastroso.

Ok, a pessoa é irresistível e você sabe que não vai dar pra segurar. Aliás, já não está dando... Certo. Nesse caso, se valer a pena, vá em frente e, como diz o ditado, morra negando.

Finalmente, se determinada pessoa não tiver correspondido às suas expectativas, desista dela, mas não de se apaixonar. O bom da fase *pré* é exatamente isso: tentar, errar e acertar. Um dia acertamos na mosca.

Ligar, mandar torpedo, mensagem pelo *face*? Ou nada? – Ok, você tem todos os contatos da pessoa por quem se interessa e até já sabe bastante da vida dela. O que fazer? Por que não entrar em contato? Apenas certifique-se, antes, de que a pessoa pode se lembrar de você. E, se telefonar, procure facilitar: "Vi você na festa da Alice. Não sei se você lembra. Eu sou o...". Por mais emocionante que seja, ligar fazendo declarações e elogios apaixonados pode afastar para sempre a outra pessoa.

Se liguem!!! – De todas as pessoas com quem conversei – todas, todinhas –, não houve uma só que dissesse que, nesse momento de abordagem, preferia receber uma mensagem a uma ligação. Portanto, rapazes, tomem coragem e, literalmente, se liguem. Ouvir a voz, ficar sem fôlego e vencer o silêncio da emoção que causou a chamada inesperada do outro faz parte – e não há o que pague...

Uma coisa é uma coisa e outra coisa é outra coisa

Tenho horror a declarações igualitárias. Correndo o risco de ser politicamente incorreta, sempre questiono até que ponto é justo tratar pessoas diferentes de maneira igual. Ora, ninguém é igual no mundo. E todos têm expectativas, sonhos e histórias completamente diferentes. Por isso questiono veementemente afirmações que pregam a total igualdade entre os sexos.

Calma, não estou falando de direitos e conquistas – se bem que estas também sejam altamente questionáveis –, mas da forma como as pessoas tendem a interpretar, da mesma maneira, valores e sentimentos que para os homens podem ter um peso diferente do que têm para as mulheres, e vice-versa.

Depois de vários encontros conversando apenas com mulheres, elaboramos uma lista de defeitos, desses que acabam se transformando em verdadeiros pecados quando fazem parte do caráter masculino. Mas que, quando aplicados a mulheres, e na interpretação de alguns homens (não todos, honra seja feita) acabam alterados – até quase se tornarem qualidades.

É sério. Acontece o tempo todo, e tenho vários grandes amigos com quem acabo quase aos gritos por conta dessa diferença de interpretação. Só para ilustrar, vejam alguns da lista:

» **Indecisão** – Não dá para ser feliz com alguém que não sabe direito o que quer (se é que quer), se é feliz ou não, se sente-se capaz, se vai ou não vai , se gosta mesmo ou não da gente, se vai ter dinheiro. Ufa! Uma canseira só. Pessoas assim realmente merecem o limbo que tanto parecem apreciar. É o que em geral achamos dos homens assim.

Já uma mulher indecisa adquire para os homens certo mistério. Alguns ficam louquinhos por elas, que passam por moças "frágeis" ou "tímidas". Eu, hein?

» **Arrogância** – Tem coisa pior? O sujeito que se acha o máximo, pensa que pode tudo e pisa nos sentimentos alheios por pura ignorância. Homens arrogantes não merecem perdão. Talvez uma segunda chance, apenas para verificarmos se perderam um pouco da pose e aprenderam a rastejar ....

Já mulheres arrogantes (intragáveis da mesma maneira) são muitas vezes confundidas com fêmeas decididas ou, pior, "altivas". E por isso a máscara demora muito mais tempo para cair.

» **Pão-durismo** – Esse é de lascar. E muitas vezes contamina justamente os que não precisariam contar os tostões. Mas eles contam. E fazem questão de que todos saibam quanto lhes custa cada pequeno gesto, gentileza ou presentes (raríssimos e quase sempre decepcionantes). Homens pães-duros não deixam o menor espaço para sonhos ou ilusões, uma vez que tendem a ser pragmáticos com a desculpa de que são "práticos" ou "realistas".

Já uma mulher dificilmente passa por pão-dura. Ela é, no máximo, econômica, e suas qualidades acabam nobremente exaltadas como necessárias para tocar a casa, as despesas da família e a vida. Injusto, concordo, mas é assim, pode conferir.

Mesquinharia – É pior do que a avareza. O homem mesquinho é aquele incapaz de pensar grande, tem uma visão tão limitada quanto sua alma e, portanto, jamais fará um gesto magnânimo ou terá um pensamento enriquecedor. Nem sempre é um defeito detectável no primeiro momento, e por isso mesmo é mais perigoso e insidioso do que os outros, uma vez que um sujeito assim acaba por nos condenar a uma vida de pobreza de espírito e escuridão perenes. E, nesse caso, o correspondente feminino é igualmente assustador.

Egoísmo/egocentrismo – Em geral, quem é egoísta acaba assimilando o pior de vários defeitos: é o sujeito com a cabeça mesquinha, mas um sentimento grandioso de que merece o mundo aos seus pés. Incapaz de agradar apenas por agradar ou de doar-se pelo prazer de ver o outro feliz, coloca seu prazer e sua satisfação sempre em primeiro lugar. E em segundo e em terceiro. Depois, talvez pense (um pouquinho, se não custar demais) na companheira. Eu, hein?

Já mulheres egoístas disfarçam muito bem. Conseguem se rodear de uma aura de "estrelas incompreendidas" e agradam imensamente. Algumas por muito tempo. Há nisso certa arte perversa, porém igualmente insuportável a longo prazo.

Descontrole – Não tem a menor graça. Apesar de vivermos à beira de um ataque de nervos, conhecemos bem o limite dessa "beira" e, acostumadas a desempenhar vários papéis, apesar da fama de escandalosas e criadoras de caso, sabemos muito bem (e melhor do que os homens em geral) segurar a onda em momentos de crise. E não vemos o menor charme em homens que criam problemas por nada e encontram pelo em ovo.

Por outro lado, uma mulher descontrolada muitas vezes é interpretada como "intensa", "sincera" ou outros adjetivos que tais. Embora, repito, sejamos, no atacado, muito mais dotadas de autocontrole do que o sexo oposto.

Covardia – Não dá para encontrar um pingo de encanto em um homem covarde. Alguém já viu um galã covarde? Ou herói de livro ou mocinho de filme? Pois é. A bem dizer, é dos piores defeitos de qualquer ser humano. E essa até em mulheres não cai bem.

Pois é. Não compreendo como ainda há quem insista em igualar seres tão distintos em sua *percepção de mundo* como homens e mulheres.

> Em questões profundas ou vitais, é perfeitamente possível que homens e mulheres conciliem opiniões, funcionando em perfeita sintonia. Mas, em momentos prosaicos do dia a dia, não é o que acontece.

Tomemos como exemplo algumas situações comuns, só para ilustrar com exemplos mais reais.

Xô, GPS – O endereço está lá, o GPS também. Mas ele diz que prefere ir pela sua cabeça, pois sabe onde é. Continua dirigindo o carro e não tem noção de onde se encontra. A sensação é de estar dando voltas há algum tempo. Ele diz que agora "está perto" e dá mais uma volta. Ela sugere que parem em algum posto para perguntar a alguém do bairro. "Hum, hum..." – é a resposta vaga que ela consegue enquanto ele começa a ficar nervoso. Mais alguns minutos e ela arrisca novamente a mesma sugestão. E assim vai, até que, irritado, ele reage, ofendido: "Por que é que você não dirige então?" O que naturalmente não acontece, pois nem lhe passa pela cabeça passar a direção a ela. Que, aliás, se estivesse ao volante, provavelmente há muito já teria ligado o GPS e, ao primeiro "sinal perdido", não hesitaria em perguntar à primeira pessoa que lhe parecesse confiável.

E chegariam ao destino sem tanta agonia.

⁂ **Eles não experimentam roupa antes de comprar** – Ele está com uma braçada de roupas, pronto para pagar no caixa. Ante a sugestão de que talvez seja prudente experimentar, ele provavelmente vai levantar os ombros e afirmar, com a maior convicção: "Serve, você não está vendo que serve?". Ante seu olhar de dúvida, vai suspirar, impaciente, e segurar as peças em questão contra o corpo, exclamando: "Está ótimo, veja só!". Ato contínuo, entregará a mercadoria junto com o cartão à vendedora – sem lhe dar tempo de dizer mais nada.

Ainda no quesito roupas: homens, quando gostam de determinada marca, loja ou alfaiate, não hesitam em recomendá-los aos amigos. Podem até mesmo sair usando calças ou camisas iguais, relógios etc. Mas dificilmente você verá duas mulheres com roupas iguais batendo um papinho amigável.

⁂ **Está na geladeira!** – Esta frase, dita a um homem, frequentemente obtém como resposta: "Não estou encontrando, venha ver!". Aí ela vai e pega, na prateleira de baixo, o queijo que ele queria. Eles simplesmente não se abaixam para procurar. Abrir gavetas então, nem pensar!

⁂ **Por falar em comida** – Compare o carrinho de supermercado feito por um homem com outro de uma mulher. O dele, naturalmente, é muito mais apetitoso: só delícias, bebidas caras, guloseimas e uma série de outros produtos nada práticos. Já o dela.... bem, alguém tem que providenciar os produtos para a limpeza da casa, certo?

⁂ **Eles detestam tomar remédio** – Há os que não tomam e dão o maior trabalho, pois continuam reclamando dos sintomas. Mas não tomam. Alegam que os efeitos colaterais do remédio são piores do que a doença. E são capazes de resistir semanas assim. E há os que não se medicam porque: "Não gosto de remédio". As duas categorias dão trabalho. E não tomam remédio.

Momentos de lazer – Neste ponto homens e mulheres definitivamente pensam e agem diferente: dia desses, em um clube de golfe da cidade, ao ver que chovia e não dava para jogar, um dos "rapazes" sugeriu aos outros que fossem fazer um "*test drive*" de um novo modelo de carro ali pertinho. E não é que foram e passaram a tarde se revezando ao volante do tal carro debaixo de chuva e tudo?

Só restou às mulheres ir ao shopping mais próximo, onde, encantadas, descobriram um estande de uma marca de maquilagem que oferecia uma demonstração completa de sua linha mais recente. Com direito a limpeza de pele. Saíram lindas, quatro horas depois. Prontinhas para jantar e namorar à luz de velas com os rapazes, que, exaustos com a aventura sobre quatro rodas em poças d'água, preferiram pedir uma pizza em casa.

Além do ponto de vista

Que eles raciocinam diferentemente de nós não resta a menor dúvida. Mas é preciso também lembrar que eles "enxergam" diferente. Pode reparar: muitas vezes alguém que eles consideram bonita ou interessante para nós não passa de uma mulher meio exuberante. Talvez até meio gordinha. E com um pouco de celulite, para ser mais exata. Além do gosto duvidoso. Mas eles não veem nada disso.

Os homens enxergam "o conjunto", como me explicou um amigo. E insistem em dizer que esse lance de gordura e celulite é coisa da nossa cabeça. E pode ser que seja mesmo.

Talvez por essa razão seja o caso de repensar várias das coisas que fazemos, crentes de que estamos agradando loucamente e nas quais os homens – objetos de nossa dedicação e preocupação – simplesmente não acham a menor graça.

A lista de armadilhas pode ser grande. Só para citar algumas no campo "visual-estético":

✂ **Silicone/botox/cremes & cia** – Acredite: eles não reparam tanto em detalhes como nós. Gostam do conjunto, percebem proporções bonitas, mas realmente não notam se na parte de dentro de nossa coxa esquerda, no canto superior, há a marca de três estrias.

É claro que adoram nos ver com o rostinho liso e a fisionomia descansada, porém *detestam* o cheiro dos cremes de beleza (por mais caros que sejam) e mais ainda ter de esperar longos minutos enquanto os aplicamos, à noite ou pela manhã... E, como não vamos deixar de cuidar da pele, temos que nos virar para fazê-lo discretamente. Quem foi que disse que era fácil?

✂ **Peles e lãs angorás macias** – Não há nada mais sensual do que sentir o toque de uma malha macia e fofa diretamente sobre a pele, não é mesmo? Ainda mais se a malha é fininha, deixando o contorno do nosso corpo à vista. Pois eles só aprovam esses modelos depois de uma rigorosa inspeção: é que simplesmente se arrepiam só de pensar nos pelos que elas soltam sobre os sofás escuros de suas casas viris ou – crime dos crimes – sobre o estofamento do automóvel. Certifique-se muito bem antes de usar alguma lã mais...peluda – por mais macia que seja .

✂ **Batom** – Quem não quer beijar uma boca lindamente delineada e colorida? Nem todos. Na prática, eles abominam todo o tipo de *gloss*, que consideram melado. Quanto aos sabores, alguns já confessaram que, só de sentir o cheiro, chegaram a desanimar. Ok, nem tudo está perdido: para isso existem os batons de longa duração, cada vez mais desenvolvidos em tons e nuances quase irresistíveis, além de ter uma textura infinitamente mais natural do que os ultrabrilhantes.

A super Amélia – Você quer tratá-lo bem e adora cozinhar. Então, nos fins de semana, passa horas na cozinha. Pois pode ser que ele prefira sua companhia no sofá da sala, por exemplo. E com as mãozinhas mais perfumadas do que exalando um prosaico aroma de mexerica ou alho. Já pensou nisso?

Entrosamento: uma questão delicada – A lista das armadilhas não se limita ao campo visual-tátil. Há a questão da forma de interagir, por exemplo, com pessoas que fazem parte do universo deles.

Intimidade é uma palavra que pode abranger variadíssimos graus de intensidade. E o conceito mais ainda, veja só.

Ficar íntima da mãe dele – Você pode achar que está ganhando pontos, mas não adianta muito. Ainda mais em começo de namoro. Antes de arriscar cair no desagrado do filho, pense bem: será que a sogra é tudo isso mesmo e vale a pena o esforço?!

Ficar íntima da secretária/assessora – Nem pense em misturar canais. Para que arriscar invadir um território onde ele tem uma imagem diferente da que apresenta a você na intimidade? Além do fato de que não há motivo para tentar conhecê-lo melhor por meio dessa profissional, que jamais abrirá o jogo para você – que é apenas mais uma (até que se prove o contrário) na lista de namoradas do patrão. Se você for casada, mais um motivo para respeitar os limites territoriais de cada um – e usar da máxima discrição.

Ficar íntima do sócio – Para quê? Em começo de namoro, pode gerar um ciúme desnecessário e um atrito que só atrapalha. Sem falar que o sócio, por mais legal que lhe pareça, também pode estar se sentindo "privado" da companhia do amigo por uma pessoa que, de repente, começa a exercer uma influência poderosa.

Finalmente, é bom lembrar que seu novo amor é um ser sensível e quer liberdade para beber com os amigos, jogar bola toda semana, chegar mais tarde em casa, espalhar roupas pelo quarto e coisas simples assim. Além das mais existenciais, como não ser pressionado para ligar, sair, namorar, casar... Normal: homens *detestam* pressão. Simplesmente não sabem lidar com ela. Mas vejamos o lado bom da coisa: sabendo que funcionamos mais e melhor do que eles sob pressão, não é o caso de entrar em pânico. Basta usar a paciência, muita paciência, para atingir o objetivo – qualquer que seja ele.

Historinha ilustrativa sobre tudo o que foi dito sobre diferenças

Conto esta história real, que ilustra exatamente o que acabei de colocar sobre as diferenças entre os gêneros. E enfatizo que, na época em que aconteceu, foi motivo de inúmeras polêmicas entre amigos comuns, tomadas de partido e até mesmo motivo de ruptura de amizades de anos.

Carla é arquiteta, perfeccionista, bonitona. Tem 50 anos e parece ter 40. Johnny é empresário, atencioso. Tem 55 e parece ter 50. Amigos em comum decidiram que era hora de os dois se conhecerem. O fato que relato aconteceu antes que a internet substituísse em grande parte a necessidade de uma apresentação formal entre as pessoas.

Naquele momento, alguns amigos acharam por bem organizar uma reunião e convidar os dois. Não deu outra: passaram a noite conversando – para deleite geral. Saíram juntos no fim de semana (só uma noite, pois ele viajaria no domingo) e, encantado, ele convidou Carla para viajar com ele no sábado seguinte para passar dois dias nas lindas praias de Floripa, onde ele deveria estar na segunda-feira.

Ela aceitou, claro. Estava tão encantada quanto ele, mas, diferentemente dele, comunicou o fato às amigas mais próximas, que fizeram uma excursão de compras para abastecê-la com maiôs e cangas à altura da ocasião. No sábado de manhã, cheia de expectativa, ela embarcou com ele para Floripa.

Meio no escuro, claro. Afinal só havia visto o sujeito duas vezes na vida. Mas, afinal de contas, ambos com mais de 40 anos, separados e vividos e com tantos amigos que falavam maravilhas de um para o outro, achou que o risco era até pequeno.

Quando tinham saído, rolou um clima e até mesmo beijos mais animados, mas, ante a iminente viagem de Johnny no dia seguinte, a coisa havia ficado por isso mesmo – o que não era ruim, pois Carla sempre acreditara no "devagar e sempre".

No avião, no entanto, ela foi assaltada pelas mais variadas dúvidas e sensações: no que fora se meter? E se ele fosse um mala que teria de aturar durante todo o fim de semana? E se...? O estresse foi tanto que, ao chegar, ela já estava com uma monumental enxaqueca. Chegando ao hotel – um *resort* lindo –, fizeram o *check in*, e ela se surpreendeu ao ver que ele havia reservado uma suíte com dois quartos. Isso, acrescido à dor de cabeça infernal, bastou para que ela interpretasse o gesto de pura atenção e cortesia como rejeição pessoal: "Será que ele achou que não ia me aturar durante 48 horas e quis se garantir reservando um quarto só para ele?", pensava ela, furiosa. Entre esses e outros pensamentos quase suicidas, mal ouviu Johnny, que, solícito, lhe perguntava se queria descansar um pouco antes de saírem para jantar. Ela entrou no quarto, tomou uma dose cavalar de remédios e apagou. Eram cerca de 8 da noite.

No dia seguinte, envergonhada, desculpou-se pelo mico, e ele, educado, não pressionou. Passaram um dia ótimo e o voo de volta de Carla era no fim da tarde, de modo que, logo depois do almoço meio tardio, ele a levou até o aeroporto, prometendo ligar quando voltasse para São Paulo. Beijos, sorrisos, e ela voltou para casa.

Assim que chegou, ligou para as três melhores amigas e na segunda-feira reuniram-se no melhor estilo adolescente para saber os detalhes. Enquanto duas amigas derreteram-se com o gesto de cavalheirismo de Johnny por reservar a suíte e levar em consideração a pouca intimidade entre os dois, a terceira, maldosa, usou a evidente insegurança de Carla para plantar uma semente maligna:

"Ah, não sei, tenho uma dúvida: será que ele não é meio estranho? Que papo é esse de dois quartos? Isso me cheira a homem cheio de manias.... Ihhhh! Uma fria. Abre o olho, amiga".

Carla, ainda sob os efeitos da enxaqueca e do fim de semana frustrado, embarcou nessa viagem. E não houve meio de convencê-la do contrário. Interpretou a sensibilidade de Johnny como "complicação", sua atenção em não pressionar como "esquisitice", e seus telefonemas com direito a recado acabaram não sendo respondidos.

Vários amigos acabaram sabendo da história, e os mais íntimos insistiam que ele não era nada estranho, nem cheio de manias. E até mesmo (pasmem) continuava interessado nela. Mas o mal estava feito, e ela havia "desencanado".

Carla ficou sozinha anos, apesar de namorar alguns outros homens nem de longe tão interessantes quanto Johnny, e Johnny se casou pouco mais de um ano depois.

Vários anos depois do ocorrido, fiquei sabendo por um grande amigo dele que Johnny jamais comentou detalhes da tal viagem (diferentemente de Carla e as amigas). Porém, certa vez, deixou escapar que era uma pena que ela não houvesse se interessado por ele, pois ele bem que caprichara no cenário e na programação para tentar seduzi-la – mas a coisa não fora adiante...

Finíssimo esse Johnny, não? E ela, uma tapada. Ok, você pode não concordar comigo. Mas esse episódio é uma das tantas provas práticas que mostram exatamente como homens e mulheres reagem de formas diametralmente diferentes aos mesmos estímulos. Ou viajei?

> Um namoro virtual não é nem melhor nem pior do que uma paixão ao vivo. Não é porque é "moderno" que deve ser mágico ou definitivo. Mas é uma experiência diferente, à qual as pessoas ainda estão se acostumando.

Amor na rede

A coisa começou a ficar mais quente. Vocês passaram a se teclar diariamente e tudo parece lindo... Namoros virtuais apaixonados são comuns, com a vantagem do anonimato. Há quem use a tela como escudo e acredite que, por ser virtual, fique mais fácil desaparecer ou acabar o relacionamento. Por isso, cuidado na hora de se entregar de corpo e alma. Aliás, como na vida real, qualquer paixão virtual pode terminar em casamento, em brigas homéricas ou numa simples fossa passageira.

A internet, como qualquer outro ambiente, permite relacionamentos e assédios nas mais diferentes maneiras. Usar seu tempo e o dos outros com elegância é uma questão de estilo.

Se quiser impressionar, ainda que virtualmente, é bom se ligar em algumas regras universais de etiqueta:

- Cuidado com a escolha do seu apelido ao entrar nas salas. Tente se ater a algo que se aproxime da sua realidade. Se você quer realmente encontrar alguém interessante, lembre que, a médio e longo prazo, compensa demonstrar mais verdade e menos criatividade.
- Você está ali para conhecer gente nova e trocar ideias, não para provocar inúteis brigas virtuais. Seja elegante e não use *nicks* racistas, ofensivos, machistas ou simplesmente chulos. Pense bem: você usaria a mesma linguagem se estivesse cara a cara com seu interlocutor?
- Precaução sempre. Encontros explosivos durante horas no computador de seu trabalho podem gerar conflitos profissionais, além de serem perigosos como em qualquer caso extraconjugal. E nada garante que a pessoa com quem você está se correspondendo não seja – coincidências sempre acontecem – aquela chata ou chato do departamento financeiro.
- Digitar declarações sedutoras e cenas eróticas ao pé do computador, cercado(a) de filhos, gatos e papagaios, é façanha para

poucos. Faça-o apenas se for craque nesse tipo de coisa. E se o risco valer a pena. A solidão continua sendo a fiel companheira dos enamorados.

⁜ Ao vivo, ninguém gosta de abordagens grosseiras, cantadas agressivas e pouco criativas. Assim, use delicadeza e a imaginação, como é regra no relacionamento virtual, desde a primeira teclada. Mas, para que a coisa role, demonstre também educação, atenção, interesse e – principalmente – elegância.

Finais virtuais – ou nem tanto

Houve um momento em que as pessoas descobriram que e-mails serviam também para terminar relacionamentos. Alegavam que era melhor, porque permitia discutir a relação sem aquela cena triste de despedida etc. A pessoa se colocava, dava direito a uma réplica e finalmente, se achasse que não valia a pena continuar aquela discussão virtual, simplesmente cortava a comunicação.

Há algumas décadas, antes de a internet ser tão popular, o ator Jeremy Irons ganhou os noticiários quando, no auge de sua fama e beleza, dispensou a namorada igualmente linda e famosa por... fax!! Pois é. Homens têm tendência a fugir de discussões elaboradas – ainda mais das desagradáveis. Já as mulheres fazem questão de tudo explicadinho, por mais triste (e óbvio) que seja.

Fato é que fax, e-mail, *facebook* e até mesmo torpedos são ferramentas que tornam a despedida muito mais fácil do que sair ao vivo da vida (e do ambiente) do outro sem olhar para trás – o que faziam os amantes antes do advento do telefone e da internet.

Hoje em dia, o e-mail é considerado por muitos completamente obsoleto, e há quem prefira postar algo no *facebook* ou retirar a foto dos dois juntos da página. Assim, num gesto rápido, economizando cliques (e achando que está evitando uma chateação), a pessoa se considera virtualmente solteira de novo.

Legal. Mas nada vai me tirar da cabeça que finais virtuais, além de deselegantes, são contraproducentes. Ora, a não ser que o relacionamento tenha sido exclusivamente virtual (e há muitos), quase nada justifica essa atitude, que, a meu ver, causa mais dano que benefício. Sim, pois, como tudo, a despedida e o final de um amor são parte de um processo afetivo importante. E pular essa etapa (ou abreviá-la mutilando-a dessa forma) não pode ser saudável. Nem para quem quer se afastar e muito menos para a parte abandonada.

Claro que é muito mais doloroso e complicado vivenciar a despedida, o final dos planos, a frustração dos erros e toda a sorte de detalhes doloridos que acompanham o final de um relacionamento. Mas acredito piamente que quem consegue sobreviver bem a essa situação sai dela mais preparado para a próxima relação. Sei que parece papo de analista – e agora você vai achar que vou dizer que o sofrimento fortalece.

Não vou – até porque nem sempre isso acontece. Mas acredito, de verdade, que enfrentar uma crise nos deixa mais preparados para o que der e vier – disso não resta a menor dúvida. Daí que defendo finais ao vivo, e não virtuais.

Porém, ao escolher um final de romance virtual, procure pelo menos ser delicado(a). Seja discreto(a), mas principalmente sutil com clareza. Difícil? Também acho. De verdade, penso que ao vivo há mais chance de as pessoas se explicarem e encontrarem um ponto de harmonia.

Porém, se a ideia é que não vale a pena esse esforço, que a relação foi superficial e que a tal pessoa não merece um pingo de consideração – até porque você não a vê como amiga nem mesmo em um milhão de anos, vá fundo: despeje seus motivos e dê um *enter*.

Mas é importante lembrar que, dessa forma, se um dia a saudade bater e por acaso você quiser falar ou ver novamente seu antigo amor, as chances de isso acontecer diminuem drasticamente.

Relacionamentos virtuais – uma reflexão

Muito já se falou sobre a mudança causada pela internet na forma como as pessoas se relacionam. Não por acaso. Até pouco tempo atrás, os namoros passavam por um filtro obrigatório *ao vivo*, de pessoas em carne e osso – fossem os próprios pretendentes ou os amigos que apresentavam um aspirante a outro.

Agora, pouco mais de duas décadas depois de seu surgimento oficial com acesso universal, a rede nos propicia muitíssimos e variados programas e *sites* que promovem o conhecimento de pessoas – facilitando encontros, que podem resultar em namoros e, muitas vezes, casamentos.

O ápice desse sucesso mais recente é o aplicativo do *facebook Bang with friends* (que, traduzido pobremente, seria "Transe com amigos"). Para se ter uma ideia, esse é um negócio que movimenta nada menos de 1 bilhão de dólares por ano nos Estados Unidos, onde existem mais de 1.400 serviços de namoro on-line. De modo que não dá para ignorar a possibilidade de um relacionamento que tenha como base o conhecimento virtual. No momento em que escrevo, estima-se que, nos Estados Unidos, nada menos de um em cada cinco relacionamentos tenha começado na internet. E no Brasil a coisa não é muito diferente.

O *Bang with friends* é um enorme sucesso: em apenas um mês, superou a marca de um milhão de usuários e funciona basicamente assim: você marca na sua lista de amigos aqueles com quem gostaria de ter sexo casual. Se um desses amigos também tiver escolhido você, *bang*! O aplicativo avisa você e, a partir daí, as partes entram em contato diretamente – por *face* ou como preferirem.

Admito que esse sistema tenha vantagens: você pode declarar a seus amigos que fantasia ir para a cama com eles em um contexto onde isso é perfeitamente permitido. Como um jogo da verdade virtual.

Para os tímidos, pode ser uma mão na roda, uma vez que, ao vivo, eles jamais teriam coragem de ser tão diretos. Aliás, aí está outra suposta vantagem desse tipo de encontro: foi feito para pular a conversa, o xaveco, as preliminares enfim. (Pessoalmente, considero essa uma enorme desvantagem, mas há quem prefira assim.)

Também há quem defenda que é gratificante, pois, ainda que o sexo seja casual, será com alguém que você teoricamente já conhece. Supondo que você considere essa apenas mais uma das tantas formas de começar um relacionamento na vida, convém apenas manter as expectativas em perspectiva, ou seja, ter em mente que sexo casual é casual mesmo – se vier a se transformar em um amor inesquecível e duradouro, é porque você terá tirado a sorte grande.

Mais ou menos como na loteria: você até pode jogar todos os dias. Se um dia ganhar, terá valido a pena. Porém se, ao longo de décadas, tiver jogado diariamente sem nenhum prêmio, terá apenas acumulado – ainda que homeopaticamente – um considerável prejuízo.

Como em qualquer ambiente, há regras que já foram se firmando como básicas para evitar micos e decepções:

- **Demore um pouco mais do que gostaria para responder aos sms de seu potencial amor.** Na verdade, demore bem mais do que gostaria. Equivale a não atender ao telefone na metade do primeiro toque.

- **Desconfie se seu potencial amor, homem ou mulher, só mandar mensagens depois da meia-noite ou em horários muito esdrúxulos.** Ou pelo menos fique bem alerta, uma vez que isso demonstra uma grande falta de comprometimento com uma coisa tão básica como respeitar horários.

- **O *skype* é ótimo e faz parte das novas ferramentas, mas não substitui o encontro ao vivo para sempre**. Simples assim. Em tempo: você pode estar se sentindo desconfortável com toda essa novidade e pensando que está ficando velho(a) ou é antiquado(a) por hesitar em aderir às facilidades on-line para encontrar seu par.

Mas, calma: a maior parte dos usuários desses serviços é realmente muito jovem, entre 18 e 35 anos, ou seja, gente que cresceu achando a coisa mais natural do mundo conhecer alguém apenas virtualmente. E, antes de se animar com a eficiência e praticidade desses programas e sites, é bom ter em mente que a média de retorno desses "encontros" que resulta em sucesso real é de apenas 0,5 %. Portanto, tenho para mim que, para quem prefere ação e emoção, a pesquisa ao vivo ainda é infinitamente mais interessante

Ainda não tivemos tempo de ter uma percepção melhor e isenta de como isso vai se refletir na vida das pessoas, mas tenho para mim que uma das grandes armadilhas dos encontros virtuais, sites e programas de namoro pode ser justamente o fato de tornar a coisa toda muito eficiente, rápida e fácil.

Uma das certezas que já temos é que, com tanta variedade, a paciência dos usuários e amantes tende a ficar infinitamente menor. Afinal, com um sistema tão meticuloso, a tendência é que, diante do primeiro obstáculo, a pessoa desista e parta para outro clique amigo. Faz parte.

Mas, nessa de partir logo para outra, você pode descartar com muita pressa alguém que, com um pouco mais de tempo e conhecimento, poderia se transformar em uma paixão muito mais concreta e gratificante. Convém pensar. Ou, pelo menos, não ter tanta pressa – tanto para eleger o encontro quanto para descartar possíveis alternativas.

Descasados – injustas distorções de percepção

Como tantas coisas na vida, há uma enorme diferença na percepção de homens e mulheres depois que se separam. Injusto, eu sei, mas verdadeiro.

Há algum tempo venho observando o comportamento e a reação das pessoas quando ocorre uma separação. Os homens são imediatamente colocados no mercado como um produto dos mais desejáveis. E, ainda que apresentem vários "defeitos", esses são sempre prontamente relevados e compensados.

Pode conferir: o sujeito é feio, mas interessante; é pobre, mas um craque no trabalho; é cheio de tiques nervosos e neurastênico, mas ótimo pai; é um bêbado, mas um ser sensível. E por aí vai. Já as mulheres, quando se separam, acabam enquadradas em apenas duas categorias igualmente indesejáveis:

a) de vítima que foi largada pelo marido ou

b) de maluca que largou o marido.

E ambas as situações, vamos combinar, em nada a favorecem. A primeira porque todos começam a encará-la como alguém que tem algum problema – ressentimento, deficiência ou o que for – para ter sido abandonada assim sem mais nem menos. Por mais que tenhamos conquistado cargos, poder, independência e direitos, é fato: se um homem "deixa" uma mulher, fatalmente o problema está mais com ela do que com ele.

Séculos de dominação masculina e lavagem cerebral não desaparecem em apenas algumas décadas – que é a idade da emancipação feminina mal e mal consolidada.

Se porventura foi ela que se cansou do relacionamento e resolveu tomar uma atitude, passa a ser encarada com imediata e enorme desconfiança. Afinal de contas, raciocinam os amigos da onça, alguém que de repente resolve que prefere a própria companhia a de um marido não pode ser séria, certo?

E, em um momento em que estamos vulneráveis, basta um pouco de fofoca para que o boca a boca se transforme em uma infernal rede de intrigas, na qual algumas meias verdades podem ser distorcidas e, pior, mentiras redondas acabam se tornando quase dogmas. O estrago está feito, e o novo *status* da criatura, em vez de envolvido em leveza e liberdade, é contaminado por uma série de restrições.

Injusto, eu falei. Mas, se acha eu estou exagerando, pode conferir. E, para isso, basta observar como funcionam as coisas quando os recém-descasados resolvem *assumir que estão disponíveis.*

"Preciso arrumar alguém para amar, não quero ficar sozinho" – Esta frase, dita por um homem, é tudo o que as mulheres querem ouvir. Homem que diz isso é um herói. Afinal de contas, é sensível o suficiente para assumir que é preciso compartilhar a vida etc. e tal.

Pode até ser que ele tenha dito isso na malandragem, querendo apenas uma dose fácil e segura de sexo puro e divertimento. Mas imediatamente os amigos começam a lhe apresentar alguém, as amigas chovem à sua volta com olhares subitamente sugestivos. Eles até se dão o luxo de colocar mil senões nas mulheres que porventura cruzem seu caminho: essa é muito ansiosa, aquela é baixinha, a outra tem filhos impossíveis... Pensam que é fácil?

Não mesmo. Ainda mais para elas, que, ao tomarem a iniciativa da separação, estão até animadinhas com as novas perspectivas. Afinal de contas, veem-se livres novamente para escolher com quem vão jantar, dormir, ir ao cinema, e até poderão novamente escolher o filme, o restaurante, o local da viagem de fim de semana... Isso sem falar na perspectiva de se apaixonar novamente. Animador, não é mesmo?

Claro que sim, só que elas têm de ficar quietas, quietíssimas, verdadeiras esfinges. Sim, porque, se proferirem a fatídica frase "Preciso arrumar alguém", pode acreditar, estarão perdidas. Todos imediatamente acharão que elas estão a perigo: afinal de contas, mulher que se preza não precisa anunciar isso. Aliás, "arrumar alguém" é uma expressão altamente suspeita aos ouvidos masculinos. Eles imediatamente pensam que você está querendo alguém para sustentá-la, ou para amarrá-los a uma rotina doméstica etc. Jamais pensam que, tal como eles, você pode estar simplesmente à procura de sexo puro e diversão.

Terrivelmente injusto. Mas é assim. De modo que, se quiser se dar bem nessa nova fase de solteirice, só há uma solução: calada! Boca de siri total! Pensando bem, falar (por mais que seja um impulso natural e quase irresistível) só pode prejudicar – quer ver só?

✂ **Não comente nada com seus pais** – Esqueça. Eles provavelmente vão começar a lhe empurrar todos os partidos que consideram bons, e dificilmente sua ideia de homem atraente vai combinar com a deles. Sem falar que comentam – com a melhor das intenções, claro – com amigos, vizinhos, a turma do clube, do jogo...

✂ **Não comente com a melhor amiga** – por melhor que ela seja. Ela provavelmente falará com o marido, que comentará com os amigos dele e... dê adeus à boa parte de suas chances de encontrar alguém nessa roda.

✂ **Não comente com as colegas de trabalho** – Além de antiprofissional, seu novo *status* pode acirrar ainda mais a concorrência além da competição profissional natural do dia a dia. Para que botar lenha na fogueira?

✂ **Não comente com seu amigo *gay*** – Ficou louca? Eles são grandes amigos e conselheiros dos héteros, e sua opinião, quando se trata de mulher e como fonte muito próxima, será sempre respeitadíssima. E você não vai querer passar por coitadinha, vai?

Que vida não? Se precisar desabafar, conversar etc., faça-o com sua imagem no espelho. É mais saudável e terapêutico – além de muito mais seguro. E, em casos extremos, com um terapeuta.

✂ **Mas então como é que vai ser?** – Acredite, pode ser muito mais divertido do que repetir a adolescente lengalenga do "mercado está fraco, não quero ficar sozinha indefinidamente". Seu silêncio a fará envolver-se em mistério – e nada como um pouco de suspense para estimular a imaginação masculina.

Duvida? Exercite a técnica e coloque-a em prática por algumas semanas. Talvez meses seja mais eficaz. Em pouco tempo haverá uma legião de machos que certamente estarão se fazendo a mesma pergunta: "Quem é afinal de contas essa mulher forte e discreta de quem não sabemos muita coisa? Quais seus desejos secretos? Com quem ela conversa? Quem é que sabe da vida dela? Será que ela está com alguém e não sabemos? Afinal de contas, como é que se chega nela? Só mesmo tentando para ver. Puxa, eu faria quase qualquer coisa para descobrir..."

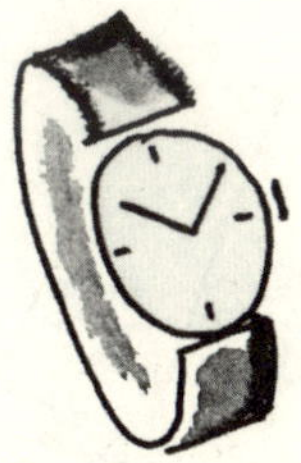

CAPÍTULO 2

primeiro encontro

Não dá pra acreditar: depois de muitos olhares, sorrisos e sobressaltos, vocês marcaram um encontro e vão sair juntos! Algumas horas de relativa privacidade, quando poderão conversar, se conhecer, rir ou simplesmente sentar e aproveitar a companhia um do outro. Pois tente fazer exatamente isso e não se deixe levar por outro sentimento que não seja essa emoção.

Muitas vezes, ao encontrar alguém muito atraente, as pessoas dificultam imensamente a aproximação. É uma pena, uma vez que tudo pode ser muito simples. Afinal, estamos falando de deixar nascer a paixão, gostar e mostrar que gostamos.

Assim que nasce o interesse, ainda nos primeiros olhares, mente e coração disparam sonhos e desejos. Mas, junto com eles, um exército de pernósticos seres invisíveis aciona torpedos no cérebro, que, imediatamente, começa uma ingrata disputa com o coração.

Um quer se entregar sem armas nem armadura, enquanto o outro, em sua busca de segurança, exige controle total de todas as situações. O que – em se tratando de sentimentos – é quase impossível.

Nesse momento, as pessoas estão tão vulneráveis, divididas entre a vontade de seduzir e a necessidade de se defender, que não percebem essa luta interna. E deixam vir à tona frases totalmente desastradas, muitas vezes baseadas em experiências anteriores, clichês que ouvem em filmes ou que pronunciam até mesmo na tentativa de fazer graça – frases que podem ser perigosas no início de um relacionamento, quando ambos ainda não se conhecem bem.

Em se tratando de atrair e envolver, é sempre melhor deixar o coração ditar as palavras e, principalmente, a forma de conduzir a nova paixão. Senão, é bem provável que momentos preciosos se percam no labirinto dos medos.

Nos primeiros encontros, evite dizer certas frases supostamente inteligentes ou críticas – na maior parte das vezes, estúpidas. Escolha com cuidado o que dizer: pode fazer a diferença entre "ficar" apenas uns dias ou viver um relacionamento inesquecível.

» **"Não quero me envolver demais"** – O que isso quer dizer? Que, na verdade, você é superficial e não se envolve nas suas relações? Esqueça esse discurso, pois ninguém gosta de ouvir isso. É melhor não dizer nada.

» **"Estou com medo do que está acontecendo"** – Como assim? Só dá para interpretar que então você quer sair dessa rapidinho. Ou você quer que a outra pessoa fique convencendo você de que não precisa ter medo e lhe peça para não ir embora? É, no mínimo, uma grande prova de insegurança.

» **"Conheço essa história" ou "Ah! Já vi esse filme"** – Denota falta total de imaginação, de coragem para enfrentar situações repetidas sem incorrer no mesmo erro. Duas pessoas nunca são iguais, e nenhum dia é igual a outro. Esse tipo de comentário é totalmente dispensável, além de pouco original.

» **"É bom demais para ser verdade"** – Pode até ser, mas não diga. Passa um pessimismo atroz. E para quê? Além do mais, se for para ser elogio, é dos mais fraquinhos.

» **"Aposto que você fala isso para todo mundo"** – Onde está a autoconfiança? E para que falar? Finja que acredita. Se não gostou do comentário, não dispense o elogio, e sim a pessoa que o emitiu.

» **"É melhor não pensar no futuro"** e, para completar, **"Vamos viver o presente"** – Qual o problema de pensar no futuro? Quem não sonha não tem como construir o futuro com seus desejos e perde uma parte preciosa da vida.

» **"Por enquanto, não vamos falar para ninguém"** – Esconder um relacionamento não é ideal para um bom começo. Só se um ou ambos são casados ou comprometidos. Se não forem, sugerir segredo demonstra falta de transparência ou intenções escusas. Por outro lado, se um (ou os dois) for comprometido (socialmente incorreto, mas vive acontecendo), todo cuidado é pouco para não invadir a privacidade do outro e colocá-lo em uma situação mais delicada ainda.

Esse tipo de situação costuma colocar à prova a classe de qualquer mulher e o cavalheirismo de qualquer homem. Ao entrar em uma situação como essa, ambos têm de saber avaliar no que (e de que forma) estão se envolvendo. Portanto, maturidade e bom senso – além da paixão – são mais do que necessários.

"Não quero compromisso sério" – É pior do que "Não quero me envolver". Dá margem para que o outro fique na dúvida, sem saber do que você gosta: do compromisso, da seriedade ou de você mesmo(a)... Em todos os casos, sua imagem sai perdendo.

Lidar com o amor da mesma forma como lidamos com qualquer outra situação burocrática ou cotidiana pode custar um preço alto demais. Afinal, o bom de se apaixonar é que sempre parece a primeira vez. E, se não for para se entregar com a mesma candura do primeiro amor, dificilmente – falando a língua dos que priorizam a razão sobre a emoção – valerá a pena investir seu tempo e seus sentimentos.

Amores do passado

Uma das situações mais constrangedoras do relacionamento é quando um dos dois resolve embarcar no túnel do tempo. Para que falar sobre antigos namorados, relembrando aquela viagem que fizeram há cinco anos, contando todos os seus pormenores? Isso é uma dupla indiscrição, além de não interessar a ninguém.

Sua nova paixão – além de correr o risco de ser acometida por uma crise de ciúmes retroativa – não precisa ouvir suas memórias sentimentais. Isso passa a sensação de que você não se desligou das pessoas que foram importantes na sua vida e de que, portanto, não estaria pronto(a) para ligar-se a esse novo amor. Sem contar que é muito chato. Ninguém merece ter sua vida devassada para um completo estranho. Imagine se seus antigos amores resolvessem revelar suas intimidades por aí: você gostaria?

Certo, há situações em que o passado nos explica. E, no desejo de se fazer conhecer, contar histórias antigas pode ajudar a esclarecer gostos, gestos, traumas, desejos... Somos aquilo que vivemos, e não devemos simplesmente passar a borracha no que foi importante.

De forma que, sempre que se sentir em uma situação assim, você pode até falar de suas experiências, mas procure não dar nome aos bois. Conte as histórias sem os personagens. No máximo, faça uma referência: "um namorado (ou namorada) que tive", sem dizer quem foi. Assim, seu atual amor ficará com a sensação de que o importante na história não é o outro, e sim a situação que você viveu. E não será obrigado a conviver com uma lista de antecessores. Para seu novo amor, não haverá o João, o José, a Márcia, a Maria, e sim uma entidade mais ou menos abstrata.

E se sua cara-metade faz questão de falar sobre seus antigos amores? Não hesite e explique exatamente como se sente. Com certeza, vocês ficarão muito mais à vontade.

> A primeira vez conta muito mais do que imaginamos.
> Se você ainda não conhece bem a pessoa,
> a primeira vez que sai com ela pode ser decisiva para
> o desenvolvimento de um namoro ou amizade duradoura.

E quando o encontro envolve duas pessoas jovens, a ansiedade ou a falta de experiência podem atrapalhar. Existem várias situações nas quais, por conta do nervosismo e da ansiedade, podemos pisar na bola, colocando tudo a perder. Mas não é o caso de ficar imobilizado pela aflição. Use sua intuição e seu bom senso.

- **Quem convida?** – Hoje em dia não há o menor problema em a mulher convidar o homem para sair. Mas é preciso que a coisa seja feita com discrição, sem forçar a barra. Aliás, o mesmo se aplica aos homens. Assim, convém analisar com antecedência alguns fatores que podem influir na decisão da outra parte:

  - Ele(a) está com alguém no momento?
  - Ele(a) curte o programa em questão (cinema, comer fora, dançar etc.)?

Se você for tímido(a), sugira uma saída em grupo e aceite sugestão de programa. Dependendo do que rolar, já dá para arriscar uma segunda vez a dois.

- **A primeira vez que vocês saíram foi ótima: quem se manifesta em seguida?** – Tanto faz. Porém, se você sentir que a outra pessoa talvez não esteja tão ansiosa quanto você pelo reencontro, não insista muito. Deixe a coisa mais em aberto, como: "Quando você tiver tempo, adoraria...", ou "Quando você puder..." ou, ainda, objetivamente: "Quando você quiser...".

Importante: lembre-se de que, mesmo que vocês tenham ficado e a ficada tenha sido uma delícia, isso não quer dizer que estejam namorando.

- **Ainda se usa mandar flores?** – Acredite: isso é como falar *por favor* e *obrigado*. Nunca é demais. Se não quiser ser muito convencional mandando flores depois do primeiro encontro, há algumas alternativas criativas e baratas – e que impressionam:

  - Antes de se verem, mande entregar uma só flor em um vasinho bonito.
  - Assim que der, passe em uma floricultura 24 horas e deixe um

buquê ou vaso. Seu novo amor pode receber ainda antes de dormir ou acordar com elas. Já pensou que legal?

- Mande flores virtuais sempre que der vontade assim que voltar para casa – de preferência com uma mensagem cheia de carinho. (Veja mais detalhes em *Flores – quando e como mandar*, página 153)

A roupa – Detalhe importante. principalmente para os homens. As mulheres em geral capricham, não raro, até demais. Já os homens muitas vezes acham que um *jeans* confortável e um bom par de tênis podem dar conta do recado, uma vez que o programa em questão é "só um cineminha". Ora, não é porque está escuro que ela não vai reparar e sentir-se desprestigiada.

Meninos: se vocês fazem questão de um visual esportivo, usem camisas esportivas (há uma infinidade de modelos: acinturadas, mais curtas ou conservadoras, com xadrez ou estampas, todas lindas) . Sem falar nas camisetas em vez de camisetão para fora da calça (variam desde o modelo polo até o decote em V). Optar por tênis mais delicados em vez dos modelos fosforescentes de três andares também pode deixá-lo com uma aparência mais elegante.

Meninas: para não errar, procurem adequar a roupa à ocasião. Se for um programa mais informal, não é o caso de se produzir demais.

Restaurantes – Preste atenção a vários detalhes para que tudo corra bem:

- Se escolherem um restaurante "da moda", tentem ir em um horário que não esteja lotado, para não terem de esperar horas e ainda pagar várias doses de bebida enquanto esperam. O ideal mesmo é reservar.
- Escolha um lugar onde você já seja mais ou menos conhecido(a), para garantir um bom tratamento.
- Se estiver na dúvida quanto a algum prato do cardápio, pergunte ao *maître*: ele está lá para isso mesmo, e você não precisa

ter vergonha. Procure não escolher pratos difíceis de comer, como ostras, *escargots*, lagostas... Para que correr o risco de ficar com os dedinhos com cheiro de peixe?

- Vinho: ninguém é obrigado a entender os detalhes do rótulo da garrafa de vinho para apreciá-lo. Peça o que você já conhece e, se não conhece, consulte o *maître*. Em tempo: quem escolhe o vinho em geral é quem convida. Mas nada os impede de perguntar ao seu novo amor se ele tem alguma preferência. E elas podem muito bem sugerir, se perceberem que o companheiro está indeciso.
- Quem paga a conta? Na primeira vez, sempre quem convida. Se foi o homem, ela até pode se oferecer para dividir. Mas é claro que ele recusa. Rapazes, fiquem espertos: na primeira vez, quando ela faz questão de dividir a conta, saibam que é apenas um teste, tá? Só vale mesmo da segunda vez em diante. Pensando bem, da terceira.

Um jantar especial para seu novo amor

Não há nada mais estimulante do que a fase da paixão, do conhecimento mútuo, quando tudo são desejos por se realizar e carinhos a retribuir. É a fase das concessões e atenções, na qual o casal aprende do que os dois gostam e fazem tudo para agradar o parceiro.

Quando cada um já conhece o ritmo do outro, é o momento de preparar pessoalmente um jantar a dois. Afinal, é uma ótima oportunidade para aprofundar a intimidade. "Será que ele(a) gosta de camarão ou prefere massa?", "Será que ele(a) vai se sentir em casa?". Calma... No início do namoro, a insegurança é natural.

Talvez por isso mesmo o melhor caminho seja o da simplicidade e do jogo de cintura. Aí, preparando com carinho e delicadeza cada detalhe desse jantar, a noite tem tudo para ser inesquecível.

Os primeiros passos...

Arrume a casa! – Nossa casa é a nossa cara. Os detalhes, a arrumação, a decoração e até a bagunça mostram um pouco do nosso jeito de ser. Mas limpeza é fundamental. Faxina geral! Só não adianta mostrar o que você não é. Não dá para colocar livros na prateleira só para dar um ar intelectual e depois não saber conversar sobre eles ou, pior, ter de admitir que não leu nenhum...

Não exagere na transparência – Sinceridade é um detalhe fundamental em qualquer relacionamento. Mas no começo dificilmente ele(a) se sentirá à vontade ao deparar com fotos, objetos ou qualquer reminiscência do(a) "ex" em sua casa. Procure tirar de vista tudo o que denote a presença de outra pessoa em sua vida. Você não estará faltando com a verdade: apenas "limpando" temporariamente o passado.

Roupa – Vista-se à vontade, é claro, mas nada de receber o novo amor praticamente pelada. Ainda que a paixão já esteja latejante – o bom da coisa é poder incendiar ainda mais enquanto despe cada camada, concorda? Nem o fofo deve abrir a porta de calção e peito nu. Ainda que vocês já estejam nessa: é deselegante mesmo!

Detalhe: um jantar romântico pode ter vários desfechos. Por isso, esqueça excesso de botões ou fechos complicadíssimos. Também é imprescindível caprichar na roupa íntima. Tanto homens quanto mulheres reparam mais do que se pensa nesse detalhe – mesmo no auge da paixão.

Velas aromáticas e incensos – dão um charme a mais ao ambiente, mas não exagere.

Escolha os aromas suaves e certifique-se de que a pessoa não é alérgica a incensos muito perfumados. No verão, as velas de citronela também são ótimas para afastar os pernilongos. Se a mesa for pequena, coloque apenas uma vela no centro ou deixe outras em pontos estratégicos, como a mesinha na entrada, o aparador ou o carrinho-bar.

A música é a alma de qualquer ambiente – Um jantar sem música apropriada pode ficar "vazio". Mas, por mais que você aprecie ritmos fortes, como axé e pagode, eles dificilmente vão inspirar gestos mais românticos. Escolha melodias suaves para começar a noite.

O que é que eu sirvo?

Um bom espumante gelado é sempre gostoso para começar e abre todos os apetites. Para acompanhar a refeição, escolha um segundo vinho – tinto ou branco –, dependendo do gosto de vocês. E, como precaução, tenha sempre à mão cerveja gelada, uma garrafa de uísque e uma boa cachaça ou vodca para o caso de ele preferir caipirinha.

A elegância dos copos – Assegure-se de ter o copo certo para cada bebida. E se ele(a) pedir uma vodca pura? É bom ter o copinho certo. É importante manter à mão uma jarra ou garrafa de água mineral com gás – noite adentro, pode ser super-refrescante.

Comida simples e gostosa – Não queira mostrar todos os seus dotes culinários enfiando-se na cozinha, sem tempo para ficar ao lado do seu convidado ou convidada. Dê preferência a pratos mais rápidos, feitos no forno. Ou prepare tudo com antecedência. Nem pense em frituras ou receitas muito exóticas, a menos que vocês tenham combinado antes e você tenha certeza de que a outra pessoa vai gostar.

Se você não acha a menor graça em cozinhar – Não se aperte: para isso existe comida pronta. Compre, deixe no jeito para esquentar e servir feliz. Tábuas de frios e queijos costumam funcionar sempre com uma cesta de pães torrados. O que não pode é receber seu novo amor a seco...

Em tempo: muita gente se esmera tanto no prato principal que se esquece de que a sobremesa também é importante. Afinal, esse é o momento de relaxar e curtir melhor seu novo amor. Portanto, capriche e prepare algo estimulante – inclusive visualmente –, pois a sobremesa marca o começo do melhor da noite.

Finalmente, nem pense em arrumar a casa, recolher a roupa ou lavar a louça antes de ficar complemente sozinha(o) em casa. Seu novo amor tem de se sentir o centro do mundo até sair, feliz, ou ser convidado para passar a noite. Portanto, esqueça a paranoia da faxina e viva simplesmente o momento.

Primeira vez na casa dele(dela)

Vocês estão saindo e chegou a hora de convidar sua nova paixão para sua casa. Ou, o contrário: Você finalmente vai conhecer os recantos mais secretos e a intimidade dessa pessoa que tanto te fascina. É sem dúvida um momento delicado. Não importa se você visita ou recebe: é hora de prestar atenção a alguns detalhes que podem ser fundamentais para o futuro desse romance.

Se você é visita:

- Evite grandes manifestações de espanto, aprovação ou desaprovação do lugar. Lembre-se: por mais estranho, feio ou luxuoso que lhe pareça, aquele local é uma parte fundamental e verdadeira da vida de quem mora ali.
- Por mais que se considere experiente no assunto, nem pense em sugerir alterações na decoração. Pelo menos, não na primeira vez.
- Abrir gavetas e armários à procura de outras pistas do estilo de vida da pessoa está completamente fora de questão. Até porque os outros sempre percebem quando alguém andou mexendo onde não devia.

- Se usar o chuveiro, tente deixar tudo razoavelmente seco e em ordem, como encontrou.
- A transa rolou lindamente no melhor estilo "não deu pra segurar"? Ótimo. Assim que der, recolha as roupas espalhadas pelo chão. Passada a paixão, calcinhas enroladas no pé da cadeira ou cuecas amarfanhadas no sofá dificilmente constituem uma visão elegante.

Homens: Ok, a casa dela é toda cor-de-rosa e a mobília mais parece miniatura de *show room*. Embora você mal caiba na poltrona, procure não demonstrar: ela já deve estar suficientemente aflita percebendo o seu apuro.

Mulheres: Deixem-se paparicar e só entrem na cozinha quando convidadas com muita insistência. Hoje em dia, os homens não só dão conta de várias facetas da vida doméstica, como se ressentem loucamente com qualquer tipo de intromissão em sua rotina. Aquele velho número de "cheguei para colocar ordem na sua casa e na sua vida" está pra lá de ultrapassado.

E se a visita se prolongar até o dia seguinte, esqueçam mensagens de batom no espelho do banheiro dele ou bilhetinhos escondidos em lugares secretos. Se tiver valido mesmo a pena, ele não precisará desses *souvenirs* para convidá-la novamente.

Se você está recebendo:

- Nem pense em se debulhar em desculpas pela bagunça. Se é assim que você vive, certamente não vai dar para enganar seu novo amor por muito tempo. Portanto, das duas, uma: ou você começa a se organizar, ou ele(a) trata de se acostumar desde o primeiro dia.
- Para os não fumantes: deixem cinzeiros espalhados pela casa. É o mínimo que se pode fazer por um fumante em visita, seja ele novo amor ou não.

» Fechando a noite: vocês ficaram juntos durante horas, mas é preciso pensar no dia seguinte. Se sua visita não manifestou desejo de ir embora (e ela deveria tê-lo feito, pelo menos de leve, uma vez), sugerir que ela o faça ou chamar um táxi é imperdoável. Faz parte do jogo, fazer o quê? Da próxima vez, pense duas vezes antes de refazer o convite.

» Você pode não ser muito organizado(a), mas dá para remover sinais mais evidentes de higiene pessoal: escovas de dentes, lâminas de barbear (ou de depilar), absorventes, pastilhas bucais, comprimidos para prisão de ventre... A quem, além de você, podem interessar esses detalhes? Armários e gavetas existem para isso.

» Ok, você quer caprichar. Mas não exagere. Principalmente nos sachês. Perfumar a casa é uma coisa. Outra, bem diferente, é empestear o ambiente com aromas que nem sempre são apreciados. É melhor descobrir antes as preferências da outra pessoa a arriscar-se a vê-la espirrando com alguma crise alérgica.

» **Atenção, moças que moram sozinhas**: Cuidado com o lugar onde penduram suas peças íntimas. Há homens que não se importam, mas a grande maioria, cedo ou tarde, acaba se irritando com o festival de calcinhas dependuradas no boxe do banheiro. No que têm toda a razão. Pense o quanto você adoraria encontrar meias e cuecas secando no toalheiro do banheiro dele... Afinal, a área de serviço serve para pendurar o quê? A gaiola do papagaio?

» **Homens:** Se ela se encantou com sua coleção de miniaturas raras de automóveis, deixe-a tocar à vontade nos carrinhos – não a trate como uma criança perigosa, nem exiba seus brinquedos como preciosidades de museu. O mesmo vale para eletrônicos, vinhos, relógios e qualquer outra coleção ou objetos ligados a algum *hobby*.

O dia seguinte: acordar juntos pela primeira vez

Poucas situações são mais delicadas do que a primeira manhã ao lado do novo namorado ou namorada. Principalmente quando isso acontece na casa dele(a), ou seja, um território que, por mais conhecido que seja, não é o nosso.

Está para nascer a mulher que, mesmo naturalmente linda, não se preocupe em aparecer de cara lavada para seu homem na hora em que acorda. Bem, não seja boba: lembre-se de que, se a noite foi maravilhosa, você provavelmente estará iluminada e bonita com os resquícios do prazer.

E passe à ação: se você já conhece a casa e sabe mais ou menos onde estão as coisas, é um gesto extremamente gentil preparar um café da manhã caprichado e levar, com carinho e cara boa, para ser saboreado ainda na cama. Mas é bom ter certeza de que sua gentileza não será interpretada como uma invasão à cozinha e uma intromissão no ritmo do(a) dono(a) da casa. Enquanto a cafeteira esquenta, vá até o banheiro e refresque-se para o novo dia.

O ideal é esperar que o outro acorde sem você se levantar. E, por mais irresistível que seja, evite virar inocentemente na cama roçando em seu amor para despertá-lo mais rápido: acordar antes da hora sem motivo é muito desagradável. E há quem considere imperdoável.

Ritmo/biorritmo – Varia muito, e é importante respeitar o de cada pessoa. Algumas demoram para acordar e só voltam ao pleno exercício de suas faculdades depois de algum tempo. Por isso, não engate longas conversas nem exija demais a atenção do(a) parceiro(a) assim que acordar.

Se a pessoa mora sozinha, já deve ter um ritual próprio. Mesmo que ele venha a se modificar com o tempo, ao insistir em mudar sua rotina logo no primeiro dia, você só vai conseguir provocar seu mau humor.

E a vida continua...

Depois da primeira vez juntos é inevitável: vem aquela dúvida sobre como se manifestar e quem faz contato de novo com o outro. Hoje ninguém mais liga. Uma pena mesmo. Mas vale mandar mensagens, torpedos etc. Apenas não é o caso de postar declarações no *face*. Nem mesmo insinuações. Para que tanta exposição?

É claro que você pode ligar, se tiver vontade. Só não pegue no pé. Mas pode deixar claro que gostou do que houve e que quer um novo encontro. E deixe que ele(ela) também faça a parte que lhe cabe, retomando o contato.

Ninguém deveria ter medo de mostrar que gostou, ligar, convidar novamente... Afinal, se foi superlegal – e a gente sempre sabe quando é –, ambos estarão igualmente ansiosos por um "sinal" do outro. Mesmo depois de algum tempo, essas pequenas demonstrações de afeto ajudam a consolidar a relação. Cestas de café da manhã, presentes fora de data e flores são gentilezas sempre bem recebidas.

Muitas vezes, o medo de expor o que sentimos nos faz perder a chance de viver momentos importantes. Se a noite foi boa, deixe a insegurança de lado e faça a outra pessoa saber disso. É um grande passo para que novas noites maravilhosas venham seguir-se a essa. E, se isso não acontecer, você pelo menos não ficará com a sensação de que deixou de fazer algo pela sua felicidade. Se não der, não deu, mas você fez a sua parte.

Primeiro fim de semana juntos: vestibular do amor

Pode ter certeza: o primeiro fim de semana inteirinho juntos é uma das provas mais importantes para testar a força da paixão. Dormir, acordar, tomar banhos e ficar 48 horas de mãos dadas. Aí percebemos as afinidades e as divergências mais graves de preferências. Esses primeiros dias de proximidade e intimidade tão desejadas podem ser decisivos para o futuro do relacionamento.

Por isso, mesmo que vocês se sintam almas gêmeas, preparem-se para não dar furos e prestem atenção a detalhes que, em outras circunstâncias, poderiam não parecer importantes. Nesse primeiro fim de semana, deem preferência a uma viagem, em vez de um se instalar na casa do outro: um lugar gostoso, novo e neutro, onde ambos possam explorar todo o tipo de novas sensações juntos.

Se quiser agradar logo de cara, leve um presente – simbólico ou não – para seu(sua) parceiro(a) e o entregue só quando estiver indo embora, depois de tantos momentos maravilhosos. Para completar, passe antes no supermercado e chegue com um vinho e/ou bombons, pães, queijos ou doces do tipo marrom-glacê – deliciosos nos dias mais frios –, se quiser arrasar.

Não faça pesar a proximidade – O maior cuidado é não invadir a intimidade do seu novo amor. Procure evitar comentários totalmente dispensáveis, como: "Você sabia que fala dormindo?", ou: "Você ronca sempre?", ou ainda: "Esse pijaminha foi sua mãe quem te deu?".

No hotel – Além da maior comodidade, num hotel a convivência é mais fácil, e ninguém invade demais a privacidade do outro. Ainda assim, seja elegante e divida democraticamente o espaço do guarda-roupa, armário ou pia do banheiro. E pergunte qual lado da cama ele(a) prefere.

Dependendo do lugar, se houver o serviço e você souber que vai agradar, agende e deixe paga uma sessão de massagem para dois (ou apenas para seu novo amor). Pode ser um gesto de delicadeza inesquecível – e pra lá de apreciado.

Banheiro – Todo cuidado é pouco. Não entre sem bater. Ou melhor: nem pense em entrar estando o outro lá dentro. Juntos, só se for para um banho a dois – e se ambos gostarem. E esqueça a ideia de lavar e deixar pendurada no banheiro qualquer peça de roupa, por mais indispensável que lhe pareça. Para evitar essa situação, leve peças extras. Afinal, elas não pesam e não ocupam espaço na mala.

Ainda sobre bagagem – É apenas um fim de semana, e por isso você não precisa de um baú. É ruim de carregar, ocupa muito espaço e mostra o seu lado nada prático.

> Não importa onde vocês estejam, alguns gestos de cortesia são importantes para que tudo corra lindamente, aumentando suas chances de repetir a experiência muitas e muitas vezes.

Na casa de amigos – Comece por não criticar os amigos dele(a). Lembre-se: você chegou depois e pode nem estar com essa bola toda.

Na casa dele(a) – Você é apenas uma visita mais chegada. Portanto, aja como tal e não reclame da geladeira vazia, do cachorro, da claridade no quarto... Nem sugira qualquer mudança na decoração. E não deixe objetos seus espalhados por toda a casa. Marque presença de uma forma mais elegante.

Atitude – Se no dia a dia o ritmo de vocês é diferente, não aumente essa diferença. Leve na esportiva. Puxe a responsabilidade para si e deixe-o à vontade para correr a tarde toda enquanto você lê tranquilamente, ou saia feliz para as compras sem arrastá-lo junto.

✂ **Dinheiro** – Homens, sejam elegantes e não comentem preços, custos etc. E vocês, mulheres, sejam elegantes e sugiram dividir as despesas da viagem. Pelo menos a dos passeios e refeições. Senão, a chance de repetir a dose pode diminuir consideravelmente.

✂ **Principalmente para as mulheres** – Esqueça rituais e hábitos de beleza, como máscaras, depilação, touca térmica. Aliás, esqueça qualquer touca, mesmo a de banho, com ou sem babados, ou aquele seu creme de óleo de fígado de bacalhau.

Não o deixe esperar uma hora e meia para se arrumar. Tente ser rápida e, se não der, diga-lhe para esperar na recepção ou no bar do hotel. Uma boa saída é tomar seu banho antes e se arrumar durante o dele.

✂ **Para os dois** – Não custa repetir: acordar com beijinhos pode não ser tão romântico. Por isso, mesmo que bata uma insônia por conta de tanta emoção, fique quietinha do seu lado da cama. Finja que dorme e espere – você, sim – ser acordada com muitos beijinhos.

Em tempo: se perceber que depois de seus beijos, apesar de ronronar de prazer, seu amor virou para o lado e continuou sonhando, deixe-o dormir até acordar. E se manifestar espontaneamente. Respeitar o ritmo do outro é uma arte. E só pode trazer benefícios.

Hotel ou motel: com elegância, a paixão dura mais

Na intimidade, pequenos deslizes podem se transformar em fantasmas assustadores. É entre os lençóis e nas palavras – ditas antes, durante e depois – que nos revelamos. Portanto, não é pelo fato de estarem caminhando para horas de paixão alucinada que você vai deixar de ser sensível ou elegante.

Como convidar? – Em um primeiro momento, com jeitinho: "Que tal irmos a um lugar mais calmo?", ou objetivamente: "Eu quero tanto ficar só com você...". Embora ainda se espere que a iniciativa parta do homem, nada impede que a mulher demonstre claramente seu desejo. Mas, em qualquer dos casos, discrição e bons modos são fundamentais.

Não seja vulgar: "Vamos ao motel X, porque é ótimo e vou sempre lá". Ou pior: "Lá é legalzinho, e barato". Nesse momento, a falta de sensibilidade pode acabar com todas as vontades. A resposta ideal, se for consultada(o), é : "Você escolhe". E o outro vai sem perguntar mais nada. E atenção: se, ao chegar lá, você já estiver careca de conhecer cada prato do cardápio, disfarce e não diga nada.

Romantismo, por que não? – No tempo da minha avó, na minha juventude ou no futuro da minha filha, o romantismo foi, é e provavelmente será a chave para abrir corações femininos e – por mais que se tente negar – masculinos também. Por isso, pelo menos na primeira vez, dê um show nesse quesito. Ninguém está dizendo para você se derramar em versos ou fazer uma seresta. Porém, se sentir vontade de mostrar-se mais, exprimir melhor o que sente por meio de gestos diferentes dos do dia a dia, por que não?

Não se precipite – Devagarinho é tão bom... E você não vai tirar o pai da forca. Antigo, não? Mas evita que você meta os pés pelas mãos... Para não falar que o melhor dos grandes prazeres, muitas vezes, é justamente esperar por eles.

A indispensável – Camisinha é um sinal de respeito e preocupação com a outra pessoa e com você. Não esqueça! Em um motel, não há como dizer "esqueci", "não tenho", "só desta vez" etc.

Não importa quem, mas um dos dois tem de saber a hora de parar e pegar a camisinha. E se ele(a) não quiser usar? Rode a baiana. Por autorrespeito e por respeito à vida.

Gritos e sussurros – São gostosos e inofensivos. Mas, na primeira vez, é melhor não exagerar. Preste atenção às reações: se ele(a) demonstrar mais preocupação do que entusiasmo, contenha-se. As preferências são muitas e distintas. Mas é sempre melhor sondar e se informar dos gostos de cada um, antes que seja tarde demais.

O mesmo vale para fantasias sexuais. Elas são importantes e podem fazer diferença, mas variam muito de pessoa para pessoa. A fantasia errada, por mais elaborada que seja, pode ser assustadora ou, pior, simplesmente ridícula, se posta em prática em um momento inadequado ou com alguém que não gosta de fantasias.

Atenha-se ao presente – De coração aberto e com passado morto. Na primeira vez (no motel ou em outro lugar), não faça da cama um divã de analista. Nada de recordar amores passados ou falar de toda a sua larga experiência sexual. É um péssimo começo ouvir alguém falar só de sexo ou de si próprio. Aliás, falar demais em momentos assim pode ser fatal.

Comparações – Esqueça experiências anteriores. No máximo, e com muito tato, só fale de outros amores se for em tom elogioso a quem está com você: "Ninguém nunca fez isso assim" etc. E tenha como princípio que não é saudável rotular as coisas: nada é simplesmente "melhor", "pior", "certo", "errado", "positivo" ou "negativo". Se você encarar o sexo assim, já vai começar com ideias preconcebidas, sem margem para aproveitar novas experiências.

Cobranças – Se o rapaz ou a moça não está atendendo às suas expectativas, aguarde o momento certo para ter uma conversa séria e esclarecer o que você imagina ser uma vida sexual ativa e prazerosa. Mas jamais use um tom de crítica. Procure a cumplicidade, para que, juntos, vocês possam encontrar a solução. Ou desista, se for o caso. Evita futuros perrengues.

» **Amante dispersivo(a)** – Comentar que as paredes estão precisando de pintura ou que deve chover amanhã é o cúmulo. Parece piada, mas algumas pessoas (tanto homens quanto mulheres) demoram para "entrar no clima" e acabam soltando um comentário desses. O efeito é o de uma bomba. Na primeira vez, então, a transa pode nem rolar.

» **Perguntas indiscretas** - "Onde você aprendeu a fazer isso?", "Você faz sempre assim?"... Nem sempre seu novo amor vai entender que pode haver um elogio por trás dessas perguntas. E, mais ainda: a maioria das pessoas tem uma educação sexual informal, permeada de preconceitos e tabus. No caso dos homens, é muito comum vê-los tentando estabelecer um "grau de normalidade" para o sexo: quantos minutos uma relação "normal" deve durar, qual o tamanho "normal" do pênis, quantos orgasmos é "normal" atingir etc. Certos comentários podem fazê-los sentir-se fora do padrão, o que acaba se transformando em um grande fantasma na relação.

» **Palavrões** – Há quem goste deles e ache-os até estimulantes, mas não são todas as pessoas. Se você é do tipo que gosta de soltar o verbo, vá devagar e sinta a reação.

Pode acreditar: muitas vezes, até mesmo uma forte paixão pode começar a ser minada através de uma brecha aberta por um detalhe insignificante. Algo que, isoladamente, não tem muita importância, mas que, somado a outros detalhes cotidianos, pode adquirir peso e poderes negativos muito maiores. Então, se ligue:

- Vá ao banheiro e feche a porta.
- Não jogue as toalhas molhadas no chão ou na cama.
- Cuidado com migalhas e molhos ao comer na cama.
- Não coma de boca aberta.
- Não beba demais a ponto de apagar.
- Nem pense em pedir palitos. É o fim.

Os dois comendo completamente nus – Pode ser uma imagem linda e sensual. Mas será que o corpinho está dando para tudo isso? É mais prudente se enrolar na toalha ou vestir alguma coisa mais insinuante e menos óbvia do que melancólicos pneuzinhos aparecendo sobrepostos ...

E quem paga a conta? – Novamente: na primeira vez, paga quem convida. Se tiver sido a mulher e ele quiser se adiantar, encarregando-se dos detalhes, ela certamente ficará mais encantada ainda.

Depois de algum tempo, vocês podem dividir ou até ela mesma pode pagar uma vez ou outra. Afinal, o prazer é dos dois, não é? Em tempo, ainda que a moça vá pagar, um cavalheiro não deveria deixar que ela dê seu próprio cheque ou cartão. Questão e cortesia das antigas. Mas que nós adoramos. Ele paga e depois os dois se acertam.

Finalmente, na hora de se arrumar para ir embora, convém que ele a deixe tomar banho e se arrumar primeiro. Assim, estará dando mais tempo a ela para se compor (mulheres em geral demoram mais: têm acessórios, maquiagem etc.). Em etiqueta – sexual ou não –, a gentileza é a prioridade e conta pontos. Nem que seja lá na frente, quando a paixão se transforma em uma grata e doce recordação.

Ok, estamos aqui falando de motéis, mas é claro que tudo isso vale também para hotéis, *flats* e toda sorte de lugares onde enamorados se encontram, certo? Não importa o nome, formato ou lugar, a atitude é a mesma – até porque o reflexo de qualquer delicadeza nesse quesito também não muda.

Camisinha/preservativos – sim, vamos ter de falar neles!

Até aqui falamos apenas de passagem sobre camisinhas e preservativos. Porém, como o assunto é importante, merece uma menção especial.

Não dá para entender. Depois de tantas conquistas, apregoando novas posturas e sempre prontas para experimentar as mais ousadas táticas de sedução, as mulheres ainda perdem a fala – literalmente – na hora de conversar sobre preservativos com seus parceiros. E, o que é pior, confessam candidamente que "ficam sem jeito" ou "com vergonha" de falar nisso. Os homens também embatucam.

O assunto é delicado, não resta dúvida. No entanto, veja bem: até o momento, já rolaram olhares de desejo e convites explícitos e implícitos para um momento de paixão. Mãos e dedos já não se contêm, explorando fendas, curvas e pelos.

Ambos estão ofegantes, praticamente rolando no carpete, com o coração disparado, beijos e mordidas se confundindo. E ainda não pintou clima para falar do tal do preservativo?! Não faz o menor sentido. Se foi paixão à primeira vista e você sentiu que não vai dar pra segurar, mais um motivo para não perder tempo e apelar para a objetividade. Afinal, esse é um terreno onde simplesmente não se negocia.

E, se você é suficientemente perspicaz para seduzir alguém tão rápido, saberá se conduzir com desenvoltura no momento de usar (ou colocar) o preservativo.

Mas digamos que você não é do tipo afoito; que está saindo com alguém há algum tempo e agora sexo é uma questão de dias. Vocês já sabem bastante um do outro: no que trabalham, os filmes preferidos, de que tipo de comida mais gostam, as preferências musicais, o cheiro característico, a maneira de se despedir e de dar boa-noite... E não deu ainda para encaixar o assunto "preservativos" em toda essa fase?! Bem, provavelmente ainda não há intimidade suficiente entre vocês. Nem mesmo para o sexo.

Ok, muita gente alega que falar é até o de menos. Que o pior mesmo é a quebra do clima que uma camisinha pode ocasionar no melhor da festa. Pode ser, mas, tomando algumas precauções, talvez seja até possível incorporar o preservativo ao prazer, sem fazer dele um obstáculo a ser contornado.

Onde guardar? – Na bolsa, no bolso ou na carteira são os lugares mais óbvios. Principalmente se você não estiver em sua casa e a outra pessoa não tiver "se lembrado". Já em sua própria casa, o ideal é deixá-las à mão em lugar de fácil acesso. Assim, no melhor momento você não terá de sair de cena para abrir e fechar armários, à procura de caixinhas ou envelopes escondidos. Aliás, esconder para quê?

Cores e sabores – Existem camisinhas coloridas, com sabores exóticos, em texturas provocantes e até musicais. Por melhor que seja o seu senso de humor, na primeira vez pense duas vezes antes de apresentar a seu parceiro ou parceira o último modelo disponível na internet. E ainda que vocês estejam usando um modelo supertradicional, não dê bandeira. Não comente todas as variações que você conhece ou experimentou. Não se trata de moralismo, e sim de um esforço para não fazer com que a outra pessoa se sinta inexperiente como amante.

Atitude – Já ouvi muita gente dar conselhos de que se deve "brincar" na hora de colocar a camisinha. Tudo bem pegar leve. Mas não force a mão. Nada de bilu-bilu ou de comentários jocosos, que realmente podem fazer desandar o momento.

Foi bom para você? – Se tiver sido lindo, não assuma culpas inexistentes. E esqueça comentários do tipo "Viu como nem foi tão ruim assim?".

E, finalmente, saciada a paixão, o homem deve tomar a iniciativa de se livrar, no momento adequado, do acessório – tão indispensável apenas alguns momentos antes e, agora, completamente descartável.

CAPÍTULO 3

e por falar em sexo

Muita gente parece achar que falar sobre sexo é melhor do que fazer. O fato é que dificilmente o sexo verbal pode ser considerado de bom gosto. Principalmente em grupos sociais. Falar com seu namorado com a intenção de melhorar o relacionamento entre vocês dois é louvável. Mas o comentário cru e indiscreto é extremamente deselegante e constrangedor.

Falar sobre relacionamentos passados, experiências fantásticas, preferências e fantasias é coisa de quem não tem assunto ou quer fazer propaganda de si próprio. Mostre serviço apenas a quem interessa e, em público, mantenha o mistério – é infinitamente mais sedutor.

Preliminares – Ouve-se muito que melhor que o sexo em si, e igualmente importante, são as preliminares. Porém, amantes realmente elegantes entendem que as preliminares são tudo o que acontece durante o dia *antes de as pessoas se encontrarem na cama*. E não apenas aqueles dez, vinte minutos anteriores ao encontro. Ora, de nada adianta um(a) parceiro(a) que trate o outro com grosseria ou pouco caso na vida e, na cama, capriche e dê uma de acrobata sexual. Pode ser ótimo na hora, mas, a longo prazo, não costuma durar – além de ser pra lá de insuficiente. E fonte constante de frustração.

Discutir preferências – É completamente diferente de falar apenas por falar sobre sexo. E, justamente nesse aspecto, a comunicação torna-se mais importante ainda – e talvez, por isso mesmo, muitas vezes fique truncada.

Entre pessoas que se gostam não deveria haver assunto proibido. Não tenha medo de dizer que prefere a luz acesa, que gosta de transar com música ou que adora carinhos aqui ou ali. Mas não seja intransigente. Como em qualquer relacionamento entre duas pessoas, é preciso saber negociar. Isso significa abrir mão do que não é tão importante, experimentar alternativas, entrar em acordos.

Isso tudo pode parecer racional e frio demais quando se fala de sexo (que, geralmente, é melhor quando acompanhado de muito carinho), mas não tenha dúvida de que até mesmo o prazer é uma construção diária, um investimento que só dá retorno quando as regras estão claras. Aqui, não há espaço para pequenas decepções, que, com o passar do tempo, se transformam em grandes fantasmas.

Se seu amor quiser que você faça algo, mas você não se sente absolutamente à vontade com isso, não tenha o menor receio de dizer. Isso não deve ofender ninguém. Ofensa maior é fingir que você está de acordo com algo que na verdade não está ou fingir que gosta apenas para agradar ao outro.

Nesse ponto, ao enganar seu parceiro ou parceira, o prejuízo certamente será de ambos. Mesmo quando sentir que pode magoar sua cara metade, fale. Use muito jeitinho, deixando claro que você até tentaria de outra forma, mas que, realmente, não consegue. Usar de sinceridade, plantando as sementes de uma relação sólida, é melhor do que mentir e criar uma relação falsa.

O mesmo se aplica às fantasias: não tenha medo de pedir que seu amor as realize com você. Nem sofra imaginando qual é a impressão que vai causar se pedir para fazer sexo de um jeito diferente. No entanto, se a outra parte se recusar, compreenda e lembre-se de que, como você, ele(ela) também tem seus limites.

Lingerie – quando nem sempre "menos é mais"...

Que ninguém se iluda: esse é um item importante no momento de tirar a roupa. E *lingerie* também pode ter um efeito contrário se não for bem escolhida.

No dia a dia, a *roupa de baixo* pede conforto. Mas, na hora do amor, dá para abrir mão de um pouquinho de bem-estar para investir na sedução, não é? Apenas tome cuidado para não radicalizar. Aquelas peças de *sex shop*, feitas de couro com tachinhas, só devem ser usadas se você tem certeza de que o namorado vai entrar no clima. De repente, ele está apenas a fim de uma tarde juntos, abraçadinhos em frente à TV ou folheando o jornal.

Pode acreditar: esconder muitas vezes pode ser muito mais estimulante do que mostrar. Uma peça bonita e bem-acabada, mesmo cobrindo partes estratégicas do corpo, ou transparências e rendas nos lugares certos, causam mais sensações do que um óbvio fio dental expondo pontinhos de celulite.

Além de calcinha e sutiã

Fique atenta para outras peças que também fazem parte da sua intimidade: robes, camisetes, conjuntos de camisola, moletons com tops sensuais, pijamas bonitos, enfim, uma enorme variedade de itens que a indústria da moda íntima nos oferece e que certamente nos deixam mais provocantes do que quando vestimos nosso bom e velho camisetão de ficar em casa.

Aliás, não seja boba: nada de se expor com aquela sua roupa de baixo velhinha e confortável, enquanto, na tela da TV, atrizes lindas surgem gloriosas interpretando personagens sensuais, usando maravilhosos conjuntos de renda. É covardia, não acha?

Homens: caprichem na roupa de baixo!

Aos 20 anos, embalada pelo otimismo da juventude, eu não hesitava em declarar que não havia visão mais estimulante aos olhos de uma mulher apaixonada do que o corpo nu do objeto de seu amor.

Com o passar do tempo, ainda que não nos transformemos em mulheres cínicas, tornamo-nos – para dizer o mínimo – mais objetivas. Ora, com os anos, o afeto e a intimidade crescem – assim como a barriga e a necessidade de reacender a paixão.

E aí o corpo nu – por mais agradável que seja ao tato – visualmente pode não ter o mesmo efeito. Não basta recorrer indiscriminadamente aos muitos recursos oferecidos pela indústria da moda: há que se ter um mínimo de discernimento e malícia para não cair em armadilhas.

Assim, na hora de escolher ou desfilar pela casa de roupa íntima, lembre-se de que esse é um quesito no qual os homens estão em desvantagem em relação às mulheres. Ao contrário da moda feminina, não basta um modelito rendado ou transparente para torná-los mais insinuantes.

Cuecas

Felizmente, hoje contamos com uma infinidade de modelos e estampas para todos os climas e ocasiões. Mais um motivo para ficar atento.

Samba-canção – Um clássico insuperável. Além de disfarçar a barriga, no caso dos magros demais, acrescenta um pouco de volume ao físico, evitando o "efeito palito". São confortáveis e podem ser encontradas em todos os tipos de tecido – da seda ao algodão puro.

O quê?! Está achando careta? Então é porque você ainda não viu a infinidade de gracinhas estampadas nesses modelos: rãs, ursinhos, quadrinhos, símbolos de clubes e mensagens. Se a ocasião permitir, não há problema em adequar a mensagem ao momento. Porém, fique esperto: na primeira vez, talvez não seja o caso de arriscar. E se o senso de humor da moça estiver comprometido pela emoção dos seus beijos?

Cuecas tipo *slip* – Mais sensuais, sem dúvida: ajustadas ao corpo, feitas de um material mais aderente e com modelos que variam do cavado ao muito cavado. São mais esportivas e exigem um corpo mais delineado – quanto menores, mais em forma você deverá estar. Há inclusive as totalmente transparentes, que deixam pouco espaço para a imaginação.

Se você gosta de ousar, vá em frente – e saiba que nós, mulheres, não apenas reparamos muito mais nesse tipo de coisa do que admitimos, como apreciamos imensamente. Apenas se certifique de que a ocasião combina com o seu modelo, para que a sintonia seja perfeita.

✂ **Cores e tecidos** – O tecido é um detalhe importante: é claro que as de seda são infinitamente mais sensuais ao toque; porém, durante o dia, podem esquentar e ser desconfortáveis. Reserve-as para a noite ou mesmo para usar durante o inverno. Algodão e outros tecidos naturais são uma boa pedida. Já os sintéticos devem ser testados: alguns esquentam demais, outros alteram o cheiro natural do corpo.

Quanto às cores, o céu é o limite, desde que você não use cuecas vermelhas ou pretas sob calças de tecido fino ou claro, deixando entrever um traseiro sombreado.

As clássicas são brancas e de um azul muito claro. Mas há também cores suaves, como amarelo, rosa, verde-claro ou cinza, que podem ser usadas sem medo. Já vermelho, preto, roxo, laranja e outros tons muito vibrantes devem ser usados com mais cuidado.

Meias

São importantes no contexto visual da intimidade. Não basta que estejam sem furos – isso é o mínimo –, mas é preciso lembrar que, ao tirar a roupa, elas devem ser tiradas antes da calça e muito antes da cueca. Se quiser ficar sem camisa, de calça e meias, não há problema, é até sugestivo.

Porém, homem nenhum resiste ao binômio cueca/meias. Imagine Rodrigo Santoro ou Brad Pitt vestidos dessa forma.

Ainda: as meias devem vestir como uma segunda pele e não podem estar desbotadas ou desbeiçadas. E muito menos ser de um tamanho maior que seu pé.

Camisetas

Peça importante do vestuário íntimo. Regatas ou não, saiba que, se não forem brancas, o fato de combinarem com a cueca conta muitos pontos a favor de um visual harmonioso. Daí ao sensual fica mais fácil. Desde que você sempre use camisetas com alguma roupa na parte de baixo: calças, *shorts* ou cuecas. Um par de pernas peludas ou qualquer outro acessório ao léu por baixo da mais charmosa das camisetas dificilmente constitui uma visão elegante – e muito menos estimulante.

Além do sexo – e das periquitas decoradas

Que o Brasil é o campeão de cirurgias plásticas e internações para fins estéticos, nós sabemos. E, como tal, também corremos o risco de sermos muito mais expostos às armadilhas que a total falta de discernimento na hora de tratar desse assunto pode acarretar.

Ora, o fato de agora existir uma infinidade de operações plásticas batizadas de "não invasivas" ou de microcirurgias não quer dizer que tais técnicas não incorram em riscos, ou mesmo que um procedimento como esse seja realmente necessário.

Um exemplo de uma das muitas cirurgias sem sentido que "pegaram" é a que promete aumentar a panturrilha através de uma prótese de silicone colocada com uma incisão atrás do joelho. É mole?

Quem precisa aumentar a panturrilha? Ou melhor: quem é que olha a panturrilha e classifica um homem (e também uma mulher, pois elas aderiram) pela sua circunferência?

É o fim do mundo, gente. Ainda mais se pensarmos que para a tal microcirurgia é preciso tomar anestesia geral, raquidiana ou peridural, passar por uma internação etc... Deixando de lado o custo, uma das desvantagens imediatas é que não se pode dirigir por um mês – período no qual se deve usar meias de alta compressão. Parecia tão simples não é mesmo? E isso porque é uma microcirurgia, praticamente sem risco e nada invasiva!

Eu, hein? Tenho para mim que é essencial questionar muito o custo-benefício de uma operação dessas – qualquer que seja ela – e não se deixar levar pelo falso conceito de que a beleza está sempre ao alcance da mão ou do bisturi.

> De modo geral, as pessoas não entendem que sensualidade independe da forma perfeita. Pelo menos, não dessa forma perfeita tão amplamente divulgada por um mercado de procedimentos estéticos. Não é por aí.

Cada vez mais vaidosas, as pessoas estão quase dependentes desse tipo de coisa. Perguntam sobre as novidades no campo da cirurgia plástica básica como se estivessem se informando sobre novidades no cardápio de seu restaurante preferido.

Se acham que estou exagerando, basta conferir o furor com que as mulheres aderiram a uma modalidade de plástica que vem ganhando força total: a cirurgia estética, dita reparadora, para deixar bonitinhos... os lábios vaginais!!

Acredite, no momento em que escrevo, mais de 1,5 milhão dessas cirurgias já foram feitas nos Estados Unidos, e por aqui a moda pegou: já aumentou em 50% o número de cirurgias íntimas nos últimos dois anos, perfazendo um total de quinze delas por mês realizadas no consultório de um dos especialistas entrevistados.

E o que são lábios vaginais "corretos"?, as mais aflitas devem estar se perguntando. Naturalmente, esse conceito não existe. E, se existe, foi inventado recentemente para justificar essas maluquices. O *British Journal of Obstetrics and Gyneacology* já decretou que a variedade de tamanhos e formatos dos lábios vaginais é tão imensa que se torna impossível estabelecer um parâmetro de normalidade.

Ufa, estamos salvas, não é mesmo? "Mas e seu eu quiser mais essa plasticazinha?", deve estar se perguntando alguma leitora mais perfeccionista. Bem, nesse caso, alguns médicos indicam que, se os lábios internos forem muito maiores do que os externos, que deveriam ser maiores, aí se justificaria uma intervenção.

Mas, antes de ir adiante ignorando o conselho da Associação de Ginecologia, que alerta para os enormes riscos de mexer em um local com tantas terminações nervosas, seria interessante refletir um pouco sobre essa nova moda e seus motivos.

Tenho para mim que um deles é a total falta do conceito de privacidade e preservação de intimidade. Hoje em dia, com a total exposição (e necessidade de expor corpos, rostos e a vida cada vez mais em toda sorte de suportes, mídias e ambientes), há uma neurose para estarmos sempre prontas e lindas, preparando o corpo como se fôssemos concorrer a um concurso de beleza, valendo....o que mesmo?

Talvez algumas mulheres acreditem que, depois da operação, se tornem mais sedutoras e, consequentemente, terão mais prazer sexual. É evidente que não é bem assim.

Ora, até pouco tempo atrás essa era uma parte do corpo que ficava escondida, preservada confortavelmente por pelos, que, sabiamente, eram considerados um adorno sensual. À medida que começaram a expor mais o corpo – primeiro com biquínis até chegar aos minúsculos tapa-sexos usados no carnaval –, as mulheres passaram a se depilar, e eis que a simpática e tímida vagina começou a ficar cada vez mais ameaçada.

Vieram as técnicas malucas de depilação: formatando a pelagem em corações ou ursinhos, conforme o desejo da freguesa (ou de seu parceiro) e o golpe final: a depilação total do púbis.

Mas púbis não é vagina – e nem pequenos lábios, você deve estar pensando. Não é mesmo. Porém, submetidos a tal técnica, os genitais femininos assemelham-se penosamente à carcaça de um frango depenado, empacotado. E eis que, aí, sim, nossos pequenos e grandes lábios dolorosamente expostos para o que der e vier começaram a ser mais observados e criticados. E dá-lhe cirurgia!

Será que tudo isso é necessário, gente? Com o perdão do trocadilho, de verdade, acho que o buraco é mais embaixo. Acho que as pessoas têm preguiça de pensar em como agradar de verdade o parceiro. Dá mais trabalho. Requer envolvimento (palavrão, atualmente) e dedicação (outra atitude incomum).

O prazer sexual está além da vagina e do sexo em si. É preciso agradar o parceiro além da cama. Perceber o outro fora do quarto, entender o seu desejo mais abrangente – e não apenas o imediato – e também seus pequenos desejos do cotidiano, transformando-os em pequenas delícias. Envolver-se em seu projeto de vida ou sua paixão. Incorporar seus sonhos, se possível.

Entender, enfim, a beleza da concessão como grandeza – e não como renúncia ou privação. Difícil? Claro que sim. Mas mais barato, menos invasivo e infinitamente mais gratificante e prazeroso do que simplesmente entrar na faca ou exibir periquitas decoradas.

Está achando essa conversa de periquita decorada um exagero meio sem sentido? Pois é muito mais sério do que parece: recentemente, em 2012, uma obra intitulada *Grande mural da vagina* foi exposta em uma mostra de arte em Londres com grande estardalhaço e reflexos pós-mostra.

Seu criador, o artista plástico Jamie McCartney, fotografou e criou um painel com nada menos do que quatrocentas vaginas mostradas em *close* em toda a sua gloriosa variedade. Havia grandes, pequenas, gordinhas, magras, com lábios enormes, lábios delicados, curtos, longos – para todos os gostos. Longe de criar uma polêmica, a obra acabou fazendo com que todas as mulheres que a visitavam acabassem por perceber que não há um "padrão de beleza vaginal". Aliás, não há um padrão – é simples assim.

E ele não foi o único: na internet há dezenas de blogs como o *Large Labia Project*, criado por uma australiana, que publica em detalhes lábios vaginais de todos os tamanhos e características, e a militância pela diversidade de vulvas e lábios vaginais reflete-se em movimentos como o *Pussy Pride* (Orgulho da Periquita, traduzido livremente). Sem falar em lojas de objetos de todos os tipos, como xícaras, *bottons* e até mesmo enfeites de docinhos com pinturas e miniesculturas de vulvas e vaginas cor-de-rosa – de bonitinhas a exóticas.

Nessas e em outras manifestações mundo afora percebe-se claramente um grande movimento para libertar as mulheres de um conceito estético que, além de engessado e implacável, é completamente impossível de satisfazer.

Homens e mulheres poderosos

É muito comum as pessoas acharem que poder leva à felicidade. Não vou tentar convencê-los, caros leitores, de que o poder não faz muita coisa (boa e ruim) acontecer.

E deve embriagar, envolver, encantar mesmo – a julgar pelas situações verdadeiramente surreais que vemos acontecer por conta de gente que não quer ceder nem mesmo uma partícula do poder – quase sempre duramente conquistado. Porém, no campo pessoal, acredite, o poder nem sempre é um fator tão facilitador quanto se pensa. Nem mesmo para os homens.

Para começar, o sujeito jamais saberá se, vestindo camiseta branca básica e dirigindo um singelo táxi, teria atraído a gata com a mesma facilidade e rapidez com que o fez imbuído do poder que lhe está conferido – ainda que temporariamente.

Sempre acompanhei homens poderosos com curiosidade – e uma dose (pequena) de pena. Pode conferir: em uma festa, um homem assim jamais está cercado de amigos. Conhecidos e aspirantes a amigos, sim. Sócios, eventualmente, funcionários, quase sempre. Correligionários também, naturalmente.

No entanto, um amigo, aquele de infância ou juventude que lhe conhece as preferências e fraquezas, as graças e piadas partilhadas – esse raramente aparece ao seu lado. Aliás, eles sentem uma saudade danada dos amigos, que, por um motivo ou outro, jamais conseguem encontrar. É incrível, mas as pessoas que realmente lhes interessam parecem estar sempre em outro lugar.

E a quem será que realmente interessa um homem poderoso? Uma mulher, naturalmente. Sempre há uma – afinal, ninguém é de ferro, muito menos ele, forjado a pressa, pressões e decisões inclementes.

Algumas vezes é a oficial. Porém, não raro há outra. Especial (ainda que apenas a seus olhos), eventualmente mais simples, não tão elaborada e sem a carga de cobrança e conhecimento que tem a patroa. Independente, mas louca por ele – aliás, incondicionalmente –, e é isso que mais o encanta.

E, por mais que tenha poder, fica difícil estar com ela com tanto *staff*, tanta segurança, tanta exposição. Desembaraçar-se das teias de interesses, família e expectativas é uma tarefa e tanto. Quando consegue, ele nem acredita que ainda haja um lugar onde é recebido apenas como homem, onde ninguém tenta interpretar seus desejos e onde os instintos são satisfeitos simplesmente, com mútuo e saciado prazer.

Sempre que a deixa, ele pensa que gostaria de ficar um pouquinho mais. Consola-se com o pensamento de que, como é poderoso, há de conseguir delegar tarefas, driblar o tempo, voltar mais vezes e reencontrar-se naquele abraço.

Até vai. Mas aí reside uma das mais sutis e resistentes armadilhas do poder: nunca será como ele realmente gostaria. Anônimo, escrevendo sua própria história. Suprema e doce ironia: enquanto ela o tem exatamente como quer – seu, vulnerável e exclusivo –, ele jamais a terá de verdade.

Amar um homem poderoso pode ser muito bom – desde que ele seja igualmente interessante, quando apenas de cuecas ou moletom, completamente largado no sofá, acordando de um cochilo.

Mas é uma armadilha que, a médio e longo prazo, pode acabar minando o relacionamento se a mulher em questão não for extremamente sensível e atenta às milhares de sutilezas que permeiam os círculos de poder. Sutilezas essas que vêm sempre acompanhadas de intrigas, muita inveja e um sem-fim de tentativas de interferência na vida dele, dela, de ambos ou ainda (e igualmente perigoso) da imagem que ambos fazem como casal. Há que tomar cuidado todos os dias.

É difícil, para falar o mínimo. Compensador? Talvez, dependendo de qual seja o seu objetivo na vida. Porém não se iluda: se sua praia é o anonimato e uma vida mais pacata, ou se, para você, família estará sempre acima de tudo, ligue o sinal de alerta ao começar um relacionamento com um homem poderoso/público.

É mais fácil repensar e até mesmo sofrer por uma ruptura ainda no início do que iniciar uma longa e inglória batalha por atenção e/ou privacidade – que são quase sempre distribuídas em doses pra lá de homeopáticas na vida de um personagem como esse.

Mulheres poderosas

É difícil falar dessa categoria. Há uma série de variantes das mulheres consideradas "poderosas", e, embora pareça um contrassenso, em nenhuma delas a vida amorosa parece ter sido enriquecida ou facilitada pelo poder a elas atribuído.

- **Poderosas por nascimento ou casamento** – como as rainhas. Sim, elas existem e ainda guardam uma considerável dose de seu poder de rainhas no imaginário popular e na vida prática. Além de Sua Majestade, a rainha Elizabeth II, há na Europa uma série de rainhas como Sofia, da Espanha – entre outras –, que, apesar de terem nascido com praticamente todos os desejos atendidos por conta de sua nobre ou real condição, no que diz respeito à vida amorosa são obrigadas a manter a mais absoluta discrição e não tiveram muita chance de escolher com quem passariam o resto da vida.

- **Poderosas pioneiras** – São as que ousaram quebrar tabus e conquistaram o poder à custa de muita coragem e audácia. Mulheres como Indira Ghandi, Golda Meir e tantas outras que, desafiando preconceitos, se instalaram em postos de muito poder e prestígio.

Por voto popular – São mulheres como Michelle Bachelet, Dilma Rousseff e mesmo outras, que ocupam cargos eletivos regionais, mas nem por isso menos importantes.

Poderosas e belas – Marilyn Monroe, Carla Bruni, Xuxa, Giselle Bündchen, Sofia Loren... a lista de lindas e desejadas por milhares de homens é imensa. E o contrassenso é que uma boa parte delas não é necessariamente feliz no amor. Assim como as pioneiras, são mulheres que priorizam missões, relegando a segundo plano a vida pessoal.

Poderosas celebridades – Jaqueline Onassis, Madonna, Beyoncé e outras tantas que ficaram famosas por seu talento ou personalidade marcante. Algumas desenvolveram relacionamentos felizes e permanentes, tiveram filhos e criaram famílias dentro de um ambiente razoavelmente estável. Outras, nem tanto.

Duplo ou triplo poder – Há mulheres agraciadas com doses extras de poder: Carla Bruni, por exemplo, nasceu rica e bonita. A princesa Diana nasceu nobre, bonita, virou princesa e ficou muito popular. Se as relações dependessem de uma equação simples, Carla Bruni, apenas duplamente poderosa, seria menos feliz no amor do que Diana. Não foi o que seu viu, porque é claro que não é bem assim.

Enquanto o mundo via Diana se desfazendo em lágrimas por conta das infidelidades do marido Charles, anos depois Carla Bruni, que havia namorado pai e filho, tendo gerado um filho de um deles, tirava de letra o que poderia ser um enorme escândalo. E não apenas conquistou o coração do presidente da França, como não se rendeu a um papel secundário: continuou tocando seu violão e encantando marmanjos mundo afora com sua voz sussurrada, insinuando intimidade e erotismo ao microfone.

Força, destino, herança ou mesmo talento acabaram em um posto de liderança e poder. São independentes, mas isso não quer dizer que não anseiem compartilhar aspectos de sua vida (e muitas vezes toda a vida) com um homem que as satisfaça.

Negociando amor, poder e privacidade

Tudo depende de como essas mulheres se resolvem e de como são estabelecidos, desde o início, os papéis de cada um no relacionamento.

No entanto, atenção homens candidatos a parceiros dessas supermulheres: uma mulher poderosa – seja por que motivo for – não deseja necessariamente um homem igualmente poderoso. E, se o fizer, cairá em uma armadilha perigosa, uma vez que essas qualidades tornam-se ainda mais raras quando acrescidas das outras conjunções do destino, importantes para que qualquer encontro dê certo (o momento certo, lugar, fase da vida etc.).

O homem que eventualmente vemos acompanhando mulheres assim é discreto. Complementar. Eficiente, solícito e paciente. E não necessariamente um astro solar, que fará par em brilho, beleza e poder com essa mulher.

Animem-se, rapazes! Não pensem que uma mulher sensacional e poderosa jamais olharia para alguém tão comum quanto vocês acham que são. Talvez o segredo seja conseguir transformar-se no homem de que *elas necessitam*, e não no que o mundo acha que elas desejam.

Afinal, mulheres assim precisam de alguém que as perceba como são de fato. Que respeite suas vulnerabilidades sob o aparente poder. Que as valorize em seu ambiente mais caseiro, e não apenas em público. Que adivinhe onde estará o próximo obstáculo em sua vida para poder livrar-se dele antes que ela sequer o perceba.

Está achando que homens assim não existem? Claro que sim. Talvez não sejam lindos ou muito ricos. Talvez não sejam exuberantes como aqueles que tanto sucesso fazem contando cenas engraçadas em rodas de amigos. E muitas vezes são francamente antissociais. Ou têm pouco traquejo dos modos do mundo.

Mas são homens em cuja lealdade se pode confiar. Homens fortes e estáveis, daqueles que dificilmente darão um susto na amada. E com a melhor de todas as qualidades do ponto de vista da maior parte das mulheres poderosas: são homens repousantes. Com talentos e qualidades ocultos, mas nem por isso menos apreciados.

Daí a importância de investir além das aparências sensíveis e por mais de um tempo mínimo para conhecer melhor o sujeito.

E aí é que está o pulo do gato: em um mundo onde todos querem apenas prazer imediato e quase ninguém está disposto a perder tempo para conferir ou fazer uma análise mais profunda, é quase impossível encontrar esse homem – disponível e compatível com o poder.

> Já reparou que hoje em dia todos recorrem a fórmulas, listas e programas de rápido resultado? Se for rápido e milagroso, a adesão é imediata. Se exigir tempo de espera, a possibilidade de desistência é imensa.

Ora, nas relações humanas, nada é tão rápido, simples ou matemático. Há que observar, viver, experimentar. Recuar, ceder, voltar e, se preciso for, recomeçar e transformar. E sempre sem garantia de resultado. Mas uma coisa é certa: quem não exercita a troca não é agraciado com uma companhia. Seja ela qual for.

E para que haja troca é preciso mostrar-se – não em fotos ou redes sociais, mas na essência, desnudando a alma. Baixar a guarda e, principalmente, criar um espaço interno para receber os desejos e sonhos do outro.

Papo de antigamente? Pode ser. Mas que as relações duravam mais "na época de nossas avós", não resta dúvida. Nunca houve tantas queixas – tanto por parte de homens quanto de mulheres – sobre a dificuldade de se relacionar "hoje em dia".

O problema não é o "hoje em dia", e sim acreditar piamente que nosso direito à felicidade e à plena e imediata realização sexual e amorosa nos pertence por direito divino – quando na verdade é duramente conquistado à custa de investimento, renúncias e, sim, de certo sacrifício, sem dúvida.

CAPÍTULO 4

diferença de idade — quando não ser igual pode até ser legal

Ninguém duvida: namorar alguém muito mais jovem pode nos devolver uma boa dose da energia perdida ao longo dos anos. Por outro lado, a companhia de alguém bem mais velho nos agasalha com uma agradável sensação de segurança, nem sempre presente em pessoas da mesma idade.

Hoje, dificilmente alguém se escandaliza ao ver uma mulher com mais de 40 anos acompanhada de um garoto de 20 ou, ao contrário, uma garota de 20 encantada com um homem de 50. O problema não está no que os outros pensam – até porque já deixaram de pensar –, mas em nossa própria atitude ao escolher um relacionamento no qual a diferença de idades é acentuada.

Viva a diferença! – Quase sempre, ela é o fator de atração, o que complementa o casal. Só que, invariavelmente, uma vez estabelecido o namoro, uma das partes acaba tentando neutralizar essa diferença. E aí pode se dar mal. Mulheres muito jovens com frequência passam a se comportar como senhoras, a vestir-se de maneira mais conservadora e até mesmo a adotar valores mais rígidos, na tentativa de se aproximar do parceiro mais velho. Além de esse comportamento ser antinatural, certamente não foi nada disso que o atraiu ao se aproximar dela pela primeira vez.

O contrário também é perigoso (e muito mais frequente): uma mulher mais velha adotando um ar de adolescente para acompanhar seu gato apaixonado. Ela corre o risco de se transformar em uma caricatura das colegas de faculdade dele – que, aliás, se fossem o seu tipo, teriam sido uma escolha mais fácil.

Da mesma forma, tanto um garoto que tenta parecer mais velho quanto um senhor que adota uma postura forçadamente juvenil dificilmente têm uma atuação convincente. Com o tempo, essa postura pode cansar ou, simplesmente, parecer fora de contexto. E, o que é pior, agindo assim, a própria pessoa se sente inadequada.

Segure a onda – Por mais fascinante que seja a diferença, tantos anos a mais ou a menos podem pesar. Assim, procure não pender para o outro extremo, chamando a atenção para o quanto esse fato encanta você. O erro mais frequente é tratar o parceiro com condescendência. No caso dos mais velhos, isso não tem o menor cabimento. Afinal, eles têm uma bagagem de vida que deve ser respeitada: tratá-los como crianças é tão ridículo quanto pouco estimulante.

Já os mais novos ficam profundamente irritados com ataques de maternalismo ou atitudes paternalistas. É o tipo de transferência que, com o tempo, sempre provou ser desastrosa. Demonstrações públicas de autoridade ou de "mais experiência" também devem ser evitadas a todo o custo.

Amigos – Não adianta forçar a barra. Já é bem difícil entrosar-se com amigos de alguém da mesma idade. Portanto, não seja muito exigente quanto a esse fator. "Pegue leve." Frequente aos poucos. Nada de mergulhar de cabeça e sair madrugadas adentro atrás da turma em *raves* se sua preferência for outra. Ou passar noites ao redor da mesa de tranca apenas porque é isso que seu(sua) namorado(a) faz há trinta anos.

Mantenha sua individualidade – E não abra mão, de maneira nenhuma, das suas amizades. Uma coisa é distanciar-se levemente, sobretudo no começo do namoro. Outra, muito diferente, é isolar-se e, de repente, dar-se conta de que não vê mais ninguém, não tem com quem conversar e que nem mesmo você acha graça em sua própria companhia.

Ciúme – É veneno puro em qualquer relacionamento. E, nesses casos específicos, o equilíbrio é muito delicado. Se quiser que dure, nem pense em brincar com esse elemento tão pernicioso. Se ele pintar muito forte, das duas, uma:

⚘ Tente relevar e pense várias vezes antes de se entregar a uma crise.

⚘ Abra o jogo e converse. Mas sempre pegando leve, para não acuar o alvo de seu ciúme com uma acusação que pode ser infundada, algo de que realmente nem sequer se deu conta. *(Veja mais detalhes sobre o tema no capítulo Ciúme.)*

⚘ **É por interesse?** – O preconceito é clássico: "Ela está com esse velho para aproveitar o dinheiro dele". Ou, ainda: "Ele só está com ela para levar vantagem". Não entre nessa. Aliás, já que sua escolha é fora do comum, procure distanciar-se das dúvidas e, principalmente, dos clichês e padrões já estabelecidos. Entregue-se a esse amor – jovem, velho, maduro ou adolescente – com a mesma pureza de alma e espírito desarmado com que encaramos o primeiro amor. Por que não?

Mulheres e homens mais jovens (ou quando ninguém abre mão de nada)

Recentemente, li uma matéria na qual a jornalista, que dizia ter 45 anos, discorria sobre a injustiça do fato de a maioria dos homens de mais de 40 anos ter uma preferência declarada por moças de no máximo 30.

Ela alegava – acertadamente – que, dessa forma, as mulheres nessa mesma faixa de idade acabavam isoladas de seus contemporâneos e obrigadas a procurar parceiros entre homens muito mais velhos.

Seguia-se então uma longa preleção de todas as vantagens que mulheres de 40 têm sobre garotas de 20: elas sabem conversar melhor (embora eles não estejam interessados exatamente em conversa), têm profissão definida e carreira encaminhada, são independentes financeiramente (embora isso muitas vezes os deixe apavorados) e, se já tiverem filhos, dificilmente insistirão para que eles tenham mais um.

Até aí, estava concordando com tudo o que minha colega dizia. Até o momento em que ela pisou na bola e arrematou dizendo que não fazia questão mesmo de namorar quarentões, pois estava se divertindo muito mais com meninos de 30 e até menos – porque na cama eles tinham um fôlego de dar inveja e não encucavam com nada!!!

Ou seja, minha dileta colega não apenas caiu direitinho na mesma armadilha *que tanto criticava nos homens*, como também, sem perceber, acabou por entender como vantagem a pouca profundidade dos relacionamentos entre pessoas de idades e interesses díspares.

Nada tenho contra a variedade – ao contrário: acho que toda forma de amor vale a pena. Desde que seja amor, e não uma concorrência para ver quem dá mais na cama ou quem engana melhor a idade.

Será que ninguém percebe o que vem acontecendo e repetidamente continua a tapar o sol com a peneira, pulando sem pensar de um relacionamento ruim para outro? E pior: quando terminam, justificam a pouca qualidade do namoro com frases esfarrapadas do tipo "as agendas não casavam". Ou que preferem viajar pela vida com pouca bagagem, de modo mais leve... (Entendendo-se por leve, vazio, sem a menor consistência.)

É claro que todo mundo gosta de gente bonita e saudável. Mas isso não quer dizer apenas seres esticados e sarados até o limite. E nem que o fato de o sujeito (ou moça) ser jovem e desencucado(a) garanta uma conversa boa, cumplicidade e, mais importante de tudo: projetos comuns! Sem isso, não há amor/erotismo que perdure!

No afã de garantir uma vida "sem bagagem" e de parecer modernas e leves, as pessoas estão se esquecendo de que experiência, sentimentos e sensações (bons e ruins) são a verdadeira riqueza da vida. Qual o problema de algumas rugas a mais se a compensação é plenitude, compreensão, paz e sabedoria?

Na verdade, estamos diante de novas gerações que têm uma percepção totalmente torta, deformada e nociva para si próprias, pois, com esse raciocínio, forma-se um círculo vicioso de solidão e promiscuidade, difícil de ser rompido.

Finalmente, proponho a quem pensa como minha colega que namora meninos de 30 se não é o caso de começar a olhar de verdade para os homens de 50 ou 60 anos, que certamente vão achar as mulheres de 39 como ela ótimas. Será que é pedir muito!?

Dinheiro entre casais

Dinheiro remete a poder – pelo menos, é o que acontece com muita frequência. É claro que não significa que quem dinheiro tenha necessariamente poder. Ou que o poder seja a fonte da felicidade. Porém, muita gente se intimida e acredita nesse tipo de conexão. Assim, convém não perder a perspectiva do que significa ter ou não dinheiro. Ou seja, esse é um fator que pode fazer a maior diferença na nossa vida, mas não essencialmente no que somos.

Dinheiro também é assunto delicadíssimo. Basta lembrar que casais que permanecem casados durante mais de 20 anos e até se separam de maneira civilizada descambam para as maiores baixarias quando chega o momento de lidar com a divisão dos bens.

Pois é. Se casamentos terminam pela falta de habilidade em administrar essa questão, imagine então um namoro, ainda vulnerável, em seu início. Não se trata de mitificar o assunto. Mas é preciso o mesmo cuidado – ou mais – para tratar disso, e a mesma postura delicada que deveríamos usar em outras situações do nosso dia a dia.

Sem medo de falar – Muita gente acha que é feio falar no assunto; mesmo quando é para dizer se tem, ou não, dinheiro. Ora, entre duas pessoas que se gostam não faz sentido esconder o jogo. Se você é a parte que tem mais, não precisa ostentar ou jogar na cara da outra pessoa. Porém, com tato, é perfeitamente possível mostrar que determinadas despesas não vão pesar e que você faz questão de pagá-los.

Se você é o lado menos favorecido nesse quesito, é bom deixar claro seus limites: a outra pessoa não pode simplesmente adivinhar que, apesar de seu salário razoável, você paga a faculdade de seus irmãos e ajuda seus pais em casa, além de estar pagando a prestação do apartamento. Explique a situação suavemente, sem agredir ou se ressentir – afinal, seu novo amor não tem a menor culpa da sua situação financeira momentaneamente apertada, certo?

Em tempo: se um dos dois estiver sem trabalhar, nem se discute: a outra parte arca com as despesas sem clima nem cobrança. Se não der, pode-se sempre sugerir outro programa, evitando jogar na cara do outro as razões.

Empréstimos – Pessoalmente, acho melhor pedir dinheiro emprestado a um amigo ou a alguém da família do que para o(a) namorado(a). A não ser que ele(ela) ofereça, demonstrando claramente sua vontade de ajudar, para que misturar as coisas? Ainda assim, em quaisquer dos casos, é imperativo devolver no prazo determinado.

Sim, porque, no momento em que se pede emprestado, é importante já dizer qual é a previsão para a devolução da quantia. Se achar que não vai conseguir pagar, deixe claro que talvez só consiga devolver uma parte até tal data etc. E cumpra o prazo.

Se por algum motivo você perceber que está chegando o dia e que não vai dar, é preciso dar uma satisfação. Não é porque está com a pessoa todos os dias que você pode simplesmente "esquecer" a dívida. Só biquinhos, caras e bocas não resolvem, tá?

Programas – Se os dois ganham mais ou menos o mesmo, não há motivo para não dividir as contas. Embora as coisas se ajeitem com o tempo, pelo menos no começo, se perceber que seu amor está pagando sozinho algumas noitadas, retribua em outras ocasiões.

Viagens – Se por alguma razão um dos dois está pagando tudo, o outro deve maneirar na programação e ficar atento ao que sugere ou escolhe. Afinal, a pessoa que paga pode ter feito um esforço extra para os dois passarem alguns dias juntos, mas não quer dizer que dê para deitar e rolar com uma programação milionária. Quem está com menos dinheiro pode se oferecer para pagar a condução, o pedágio, a gasolina, pequenos passeios, refeições... Nesse caso, não é apenas o dinheiro que vale, mas o gesto.

Pagar com o cartão do outro – Você não resistiu a algum objeto de seu desejo e seu amor pagou para você no cartão, que tem vencimento para dali a um mês. Nem pense em esquecer! Pague, de preferência alguns dias antes da data de vencimento, certo? Se a pessoa amada tivesse a intenção de presentear você, certamente teria falado na hora. Ou, quem sabe, dirá no momento em que você for quitar a dívida.

Fim de namoro, dívida pendente – Não tem nada pior, não é? A pessoa termina o namoro e ainda por cima está lhe devendo dinheiro. Se a quantia for pouca, talvez não valha a pena brigar. Porém, dependendo do montante e da sua raiva, sapateie, sim! Insista para que a pessoa pague, pois, afinal, o que é certo é certo.

Se tiver sido você que terminou e a outra pessoa está lhe devendo – novamente, dependendo do quanto lhe fará falta o dinheiro –, talvez seja o caso de relevar.

Ele terminou tudo e ainda está te devendo uma grana – quase nada parece pior que isso no momento, certo? Se for pouca coisa, engula e deixe que ele carregue essa dívida vida afora – fica feio para ele.

Se for muito e você precisar, cobre. Firmemente. Sem cenas e com dignidade. Simples e difícil – mas é o jeito.

Quando casar não resolve!

Há quem acredite que, uma vez estabelecida e oficializada a relação, fica mais fácil administrar a questão do dinheiro. Depende. Se esse assunto sempre teve distorções de conceito e segue mal definido, ao longo da vida a tendência é apenas reforçar os problemas em vez de solucioná-los.

Daí a importância de clareza desde o início, contas independentes e responsabilidades bem definidas.

Independentes? Nem tanto – Pode acreditar: um dos maiores reflexos negativos das chamadas conquistas femininas foi justamente que, apesar de ter alcançado a tão almejada independência, os papéis continuam confusos.

A prova disso é que, em recente pesquisa do Instituto Brasileiro de Geografia e Estatística sobre salários entre homens e mulheres, constatou-se que, apesar de ganharem mais e praticamente sustentarem nada menos do que 37% dos lares, as mulheres ainda pisam em ovos para lidar com essa questão dentro de casa, pois os maridos têm as mais diversas reações e acabam minando o relacionamento por "se sentirem humilhados, diminuídos ou desconfortáveis"...

A forma dessa resistência masculina ocorre de maneiras variadas: alguns, quando ajudam nas tarefas domésticas, começam uma campanha para provar que fazem o trabalho melhor do que elas. Outros insistem em que elas paguem pelos seus menores caprichos, uma vez que "ganham mais que eles e podem muito bem arcar com isso". E por aí vai.

Até aí, você deve estar pensando que essa reação entre casais não difere muito da que existia quando as mulheres reinavam no lar e não deixavam os homens chegarem perto do fogão, insistindo para quem quisesse ouvir que eles não sabiam fritar um ovo e ainda deixavam a cozinha um caos. Ou da esposa-troféu, que sempre arrancava os mais caros e exóticos mimos do marido, instando que ele era o provedor da casa e, de quebra, ainda lustrava seu ego, mostrando ao mundo quão bem ele a mantinha.

Homem que é homem precisa pagar ou mandar?

Nenhuma das duas coisas necessariamente. Ou ambas, se os dois ficarem felizes assim. Mas essa é que é a pegadinha: por mais que se diga o contrário, nem os homens estão acostumados ao tão propagado novo papel, e nem as mulheres se livraram completamente de séculos de subjugação cultural. E a prova disso é uma pesquisa na Dinamarca, que apontou o aumento de 10% no uso de medicamentos para tratar disfunções eréteis entre casais nos quais ela ganha mais do que ele.

Ora, se isso acontece na Dinamarca, considerado um país muito mais desenvolvido que o nosso no tocante a direitos iguais entre os sexos, imagine o quadro aqui no Brasil, com toda a nossa impetuosidade latina.

O exemplo mais claro disso é outro estudo recente, realizado nos Estados Unidos, que apontou que, quando as mulheres começam a ganhar mais do que os homens, em uma estranha reação de autossabotagem, elas acabam pedindo demissão – pois preferem perder o que conquistaram à culpa de serem uma "ameaça ao marido" e porque não aguentam sofrer essa pressão em casa.

Incrível, não? Pois é. Comecei o assunto dinheiro dizendo que era delicado e nada simples. E por isso mesmo, quanto mais conversado e trabalhado – com toda a delicadeza do mundo –, melhor. Não há uma fórmula pronta para tratar de um assunto tão pessoal entre casais que têm dinâmicas completamente diferentes.

Porém, lembro sempre de um casal amigo cujo marido abdicou de um emprego ótimo para se dedicar a dar aulas de música e combinou com a mulher uma forma de aliviá-la da carga doméstica, enquanto ela arcaria com despesas maiores da casa. Não demorou para que as amigas da onça começassem a perguntar como ela encarava essa inversão de papéis (portanto, isso ainda é visto como uma inversão de papéis, e não como uma evolução natural do diálogo entre casais). Serena, ela respondeu que a vida de ambos havia melhorado muito: ele estava feliz, ela com mais tempo de se dedicar à carreira, e ainda arrematou com um sorriso que, de verdade, preferia ser feliz a ter razão.

É isso aí: não se deixe levar por estereótipos e preconceitos. Lembre-se que o verdadeiro desafio para o casal não é ficar bem na foto, mas tomar conta do relacionamento em todos os seus aspectos, para que ele siga bem e saudável. E dinheiro é apenas um desses aspectos cotidianos.

Carnaval a dois

Há casais que – de comum acordo – se separam durante o período do carnaval. Outros admitem que preferem não ir juntos aos bailes. Acham que uma onda de quatro dias em que todos podem deitar e rolar, namorar e beber, pular e dançar – enlouquecer, enfim – não é para qualquer um. Pois é, até mesmo para perder o rumo de casa é preciso ter, digamos, certa compostura. Calma, não vou me meter a ditar regras de etiqueta carnavalesca.

Mas, se quiser atravessar esse período de folia com o seu amor, saiba que é possível.

Quem já não se viu em apuros no dia seguinte a uma noite de arromba, tentando driblar uma ressaca infernal ou, pior, lembrar com quem terminou a noite e que tipo de juras perpetrou? Em nome de um carnaval mais divertido e menos atropelado, aprenda a contornar algumas situações – tão frequentes quanto difíceis.

» **Beber até cair** – De que adianta? Além de perder o melhor da festa, você se transforma em um(a) tremendo(a) chato(a). Literalmente, um peso morto. Para beber e continuar de pé, evite começar em casa. Assim, seu baile – e o fôlego – vão durar muito mais. Intercalar muita água com bebida também ajuda. Além de hidratar o corpo, a cabeça certamente sofrerá menos.

» **"Vou beijar-te agora..."** – O carnaval é uma das melhores ocasiões para começar um namoro. E para terminar também. Por isso, não se iluda: a paixão fulminante de uma noite quase sempre não passa disso mesmo. Pode até ser que a coisa continue linda depois da Quarta-feira de Cinzas, mas lembre que, se isso acontecer, será lucro. Um grande e feliz lucro. Nem pense em levar adiante um relacionamento que começou assim. A não ser, claro, que ele acabe se tornando realmente sério.

» **Assédio** – É inevitável. E uma das maiores graças da coisa toda. Mas só porque é carnaval não vale tudo, não! Grosseria e agressividade gratuitas em nome da folia são imperdoáveis. Assim como mãos bobas e apalpadelas sem querer... É perfeitamente possível se divertir e ousar sem cafajestadas. Até para não passar o resto do ano tentando explicar seu espírito carnavalesco.

» **Malhos explícitos** – É natural que a coisa esquente e não dê pra segurar. Mas, que pega mal, pega. Pelo menos em salões de bailes, onde as pessoas tendem a se (re)conhecer. Assim, se for inevitável, vá para locais mais reservados, varandas, sombras de árvores à luz da lua etc. Uma questão de autopreservação e, por que não dizer, de classe.

» **Quer dançar?** – É bem frequente: o sujeito (ou a moça) vai ao baile e não arreda o traseiro da cadeira. Nem se levanta para olhar o movimento. Quem está junto se sente tremendamente incomodado em deixar essa pessoa plantada, enquanto o resto da turma se perde pelos cordões.

Não há o menor problema em não dançar. Apenas deixe isso bem claro a quem está com você. Além disso, já que você foi, não custa nada fazer uma carinha boa mesmo sem dançar. Porque esse tipo de trato deve ser feito antes de sair de casa: "Vou, gosto, mas não danço". Evita muita chateação.

Muitas vezes, aproveitando a folia, somos arrastados para dançar com pessoas tão inesperadas quanto indesejáveis. O que fazer? Dê uma voltinha rápida e aproveite você também o clima de "alegria e confusão" para se desvencilhar rapidinho dessa figura chata. Sem explicações ou remorsos.

Se for alguém importante em seus relacionamentos, como o chefe do marido ou a sogra, e que eventualmente vá fazer alguma cobrança, coloque a culpa no pilequinho...

Ressaca – Pode acontecer de você extrapolar e no dia seguinte não se lembrar de nada. Nem pense em telefonar a todos que você supõe terem estado presentes para perguntar o que foi mesmo que você fez ou falou. Não passe esse recibo. No máximo, confira isso com quem acompanhou você ou com algum amigo muito íntimo. No caso da companhia, um agrado ou uma gracinha com um sincero pedido de desculpas podem neutralizar um pouco uma eventual impressão ruim que você tenha causado.

E quem detesta carnaval? – Não há o menor problema. Desde que o comentário não seja repetido à exaustão cada vez que alguém disser que não vê a hora de cair na folia. É muita falta de sensibilidade. Ninguém é obrigado a aderir ao espírito de Momo apenas porque chegou a hora. Mas tentar cortar o barato do país inteiro é, no mínimo, uma pretensão inútil.

Portanto, organize uma boa munição de DVDs, livros e música, vá para o campo, longe das bandas e marchinhas, desligue a TV na hora dos desfiles e... você vai ver que quatro dias e noites passam mais rápido do que imagina.

Ciúme

Você certamente já ouviu alguém dizer que "tem ciúme até da alma" ou "tem ciúme até do cachorro" ou, ainda, "morre de ciúme". Há também comentários como: "Eu não tenho ciúme" ou mesmo "Isso é anormal, doentio". O que não faltam são opiniões milenares sobre esse sentimento que vagueia com mais ou menos força no coração das pessoas, principalmente as apaixonadas.

Atire a primeira pedra quem já não sentiu o calor da raiva causada por um olhar provocante para sua(seu) companheira(o) ou a desconfiança de que está sendo alvo de traição. Não importa se a traição é "mental", "espiritual", "virtual" ou, o que muitos consideram bem pior, física.

> Há quem diga que o ciúme faz parte da natureza humana. Pode até ser. O problema é que é muito difícil ser elegante e sensato quando ele fala mais alto que a própria vontade ou quando sofremos a pressão da desconfiança.

A verdade é que a situação incomoda os dois. Conviver com uma pessoa ciumenta não é nada fácil. Porém, ser uma pessoa ciumenta, pode ter certeza, também é muito difícil.

Os especialistas dizem que as mulheres temem mais que seus parceiros se envolvam emocionalmente com outra pessoa e que os homens temem ser traídos sexualmente. Mas será que faz diferença? O importante é gostar ou não, ser feliz ou não.

Se você tem um ciúme moderado, provavelmente não passa aperto. Porém, se muitas vezes sente que precisa fazer alguma coisa diante de determinadas situações, tente segurar a onda e contornar o problema com um mínimo de classe. Até porque, em matéria de sentimentos, "rodar a baiana" muitas vezes não resolve.

✂ **Colegas x namorada(o)** – Você está tomando um café com uma(um) colega do trabalho e sua cara-metade já chega de cara amarrada? Sorria e, antes de qualquer reclamação, apresente seu amor à(ao) colega como sua namorada (ou seu namorado).

✂ **Sherlock virtual** – A pessoa amada tem mania de mexer em seus papéis ou em seu PC, e, de uma forma meio sonsa, insiste em vasculhar sua vida?. Primeiro, converse sobre o incômodo da situação e, para não ter problemas, evite deixar à vista qualquer bilhete, anotação, foto, canhotos, notas e outros "documentos" que possam ser mal interpretados.

✂ **Olhares** – Vocês estão juntos e há alguém encarando firmemente um dos dois? Finja não perceber e, se isso começar a incomodar muito, nem comente o assunto com seu amor. Apenas diga que quer trocar de lugar.

✂ **Síndrome de telefonista/hacker** – Sua cara-metade tem o péssimo hábito de atender o seu celular e reclama sempre que tal pessoa liga muito ou qualquer besteira assim? Que tal fazer a mesma coisa algumas vezes para ver a reação?

✂ **Por que a bandeira!?** – Seu amor insiste em dizer que você parece um periscópio ambulante à procura de pessoas bonitas? Para acabar com as queixas, dê-lhe mais atenção e pare de olhar – pelo menos abertamente. Dizem que a grande diferença entre o homem e a mulher nessa situação é que as mulheres são mais competentes: olham, e os homens nem percebem.

- **O equívoco mora ao lado** – Seu vizinho está apaixonado por você (ou a vizinha, no caso dos homens). Seu amor percebeu e não gostou. Antes do escândalo, chame-o para uma conversa e mostre que você o ama, deixando claro que seu vizinho é feio, baixinho ou grandalhão e desajeitado, enfim: horroroso! E que, perto do seu namorado, qualquer homem não tem a menor chance.

- **O Judas** – Seu(sua) amigo(a) está de olho no seu amor. O que fazer? Antes de considerar atitudes radicais, aja com esperteza:
    - Pare de incluí-lo(a) em todos os programas. A três, nem pensar.
    - Como quem não quer nada, enumere todos seus defeitos, inclusive os que ele(ela) não tem.
    - Nem pense em ventilar o assunto com seu amor. E se de repente ela(ele) gostar da ideia?

- **O tempo é senhor da razão** – Você tem de viajar a trabalho e, com ciúme, ela(e) não quer que você vá. Vá. Nada como o tempo para esfriar a cabeça. E, se gostar de você, pode ter certeza de que na volta seu amor estará à sua espera.

O princípio básico de toda relação é o respeito e o carinho da pessoa que está ao seu lado. O ciúme como sentimento de traição é a negação do equilíbrio dessa balança. Dizem que todos têm um pouco de ciúme, mas alguns sabem esconder melhor.

O melhor caminho é sempre a conversa, mas, se nunca funcionar, não insista nessa fria. Afinal, tudo o que é excessivo sufoca, incomoda e afasta as pessoas. Não é diferente com os sentimentos. É lógico que estamos falando de sensações sem fundamento concreto, pois, quando a situação é verdadeira, a raiva fala mais alto.

Quando o motivo do ciúme passa de qualquer limite dito normal, a situação é muito mais delicada. De qualquer maneira, em momentos de crise, procure evitar vexames e deixe a cena para depois, em casa – ou em outro lugar –, mas com a cabeça fria e só os dois.

23

CAPÍTULO 5

dia dos namorados — sobreviver para contar...

Todo ano quando essa data se aproxima, assisto às mais variadas manifestações com relação a ela: há quem faça loucuras, há quem curta, quem se deprima, quem finja que não liga... A verdade é que, de todas as estratégias inventadas pelo comércio para faturar, essa é uma das que mais mexe com a nossa autoestima.

Mas não deveria ser assim, certo? Afinal de contas, há que se manter o sangue-frio e certa distância do tema, para não escorregar feio nas várias armadilhas que se apresentam sob a forma de uma série de prosaicas tentações. Namorando ou não, ninguém está livre delas, de modo que convém ficar esperto...

- **Certifique-se do seu *status*** – Estar apaixonada(o) ou em vias de não eleva ninguém automaticamente a namorada(o). Quem disse que é fácil? Não se precipite, nem faça planos, se tiver alguma dúvida . O ideal é pegar bem leve e continuar na sua. Até para conferir uma dose de suspense à relação – por que não?

- **Restaurantes/lanchonetes lotados** – Evite-os. Se não for possível, tente horários alternativos ou, se morar sozinho(a), crie uma noite diferente na sua casa. Vale até um piquenique no tapete, com sanduíches frios, queijos saborosos e sua bebida preferida – seja ela qual for.

- **Tem de ter sexo?** – Esse negócio de tesão programado é bem difícil, não é? Existe mico maior que ficar dentro do carro em fila de motel? Fuja disso! Afinal de contas, namorar não é só isso, certo?

- **Sair em um grupo de casais** – Mico total!! E, acredite: há que faça isso. Saem e ficam fazendo terapia de grupo, comparando os presentes. Eu, hein?

- **Surpresas** – Muito cuidado. Sempre. Nesse dia então, em que a expectativa aumenta, todo mundo fica muito mais vulnerável e exigente. Só surpreenda com o que é certo e universalmente conhecido como ótimo. Um exemplo? Um diamante. Ou uma enxurrada de flores lindas... Sei de um namorado que presenteou a gata com um carro e levou a maior invertida: a moça ficou ofendida, achando que ele estava comprando seu passe com um carro bacana, quando o que ela queria mesmo era compromisso...

✂ **O(A) eterno(a) namorado(a)** – O namoro já acabou faz tempo, mas ele(ela) não se conforma e tenta uma volta aplicando um golpe – como aparecer ou mandar um presente exagerado, acompanhado de um cartão nostálgico. É difícil dar certo.

✂ **Namorado(a) por um dia** – É pior que o gênero eterno: pra não se sentir sobrando, a criatura resolve dar pilha, na véspera, àquele sujeito (ou sujeita) grude, que nunca teve chance, mas que pode ser candidato(a) potencial a dar um bom presente no dia – e fazer companhia na fatídica noite. Cruel? Acontece muito mais do que você imagina. E é uma enorme armadilha.

Pois é. Se começar a sofrer por conta da data, esqueça. Faça de conta que ela não existe e invista toda essa energia e grana em algo bem supérfluo, gostoso e inusitado – só para você. E acorde mais feliz – e sem nenhum tipo de cobrança no dia seguinte.

Presentes para o seu amor

"Beijo não se pede, a gente rouba." A frase é de um amigo meu especialmente jeitoso com as mulheres. Pois agora, ao escrever sobre presentes, a primeira coisa que me ocorreu foi exatamente isso: presente também não se pede. Ganha-se.

E, naturalmente, como não se pede, cabe a quem dá algum talento, um empenho especial e cuidados extras para agradar em cheio. Afinal, independentemente do preço, da raridade, do tamanho e da utilidade, um presente só tem valor se agradar realmente ao presenteado! Ao presentear alguém que amamos ou por quem estamos loucamente atraídos, a coisa é mais delicada ainda. Mas é possível precaver-se para pelo menos não errar muito feio.

⅋ **Quando a esmola é demais...** – o santo desconfia mesmo! Não force a mão se estiver no começo do relacionamento ou conhecer há pouco tempo seu(sua) parceiro(a). Certa vez, uma conhecida muito rica presenteou o namorado de duas semanas com o titulo de um clube. Os amigos fizeram uma espécie de mesa-redonda para decidir se era o caso de ele aceitar ou não. Ele aceitou – afinal, recusar seria tremendamente constrangedor.

Ora, o problema não é aceitar, mas o despropósito do presente: sem sutileza, exagerado. Em muitos casos, as pessoas se assustam com esse tipo de presente – por mais especial que seja. Ela poderia dar algo no mesmo valor (se quisesse demonstrar seu amor em cifras), porém com mais sutileza.

⅋ **Diferença entre casais e namorados** – A paixão pode ser igual, mas a situação não. Assim, no começo do namoro, presentear com joias de família ou um título vitalício do seu clube tem um peso muito grande. Por que não passagens para um lugar incrível ou um fim de semana romântico com direito a tudo em algum hotel? Tem mais a ver com o momento de quem está se conhecendo. Aliás, esse tipo de coisa também é ótimo para quebrar a rotina de casais que estão juntos há muito tempo. Falando em rotina: por mais que você conheça as necessidades da casa, presentear seu parceiro ou parceira com equipamentos úteis ou práticos pode não ser exatamente uma boa ideia. É preciso pensar mais em preferências e menos em eficiência.

⅋ ***Lingerie* e referências a fetiches** – É difícil haver uma mulher (e também homens, por que não?) que não goste de caprichar na *lingerie*. Já quanto a ganhar... só mesmo se já tiver rolado alguma coisa. Se foi pra lá de entusiasmante, vá fundo! Mas é preciso saber escolher:

tamanho certo, modelo original, sem descambar para as obviedades. Senão, você estará sendo puramente deselegante.

Finalmente, seja esperto: só o conjunto sensual de calcinha minúscula e sutiã rendadinho não constitui presente. Não se não vier acompanhado de algo que estenda a referência a tanta intimidade a momentos mais...românticos, por assim dizer. De modo que, tudo bem presentear com um conjunto sexy, desde que junto venha um lindo conjunto de ficar em casa, complementado por um kit de cremes, óleos e/ou loções perfumadas...

Ok, a relação entre vocês é dinamite pura. Ela já disse mais de uma vez que vai chegar no meio de uma noite fria vestindo botas pretas até o meio da coxa, um casaco de vinil vermelho – e mais nada por baixo. Vai invadir sua casa e nem vai esperar você acordar. Lindo. Por mais trabalho que dê, invista algum tempo e mande de presente o kit completo – com direito a um bilhete especial marcando o dia. Depois do encontro, não esqueça de deixar uma surpresinha extra à mostra – nem que seja uma flor – para provar que, além do resto, você também é capaz dessas ternuras...

Presente é coisa séria – Pelo menos entre namorados e amantes. No começo, quando ainda não se tem a dimensão exata do senso de humor do outro, não cabem muitas gracinhas. Evite objetos jocosos, piadinhas, presentes de duplo sentido. Um presente tem de expressar carinho, paixão, admiração, respeito. Mas... graça?! Deixe para outro momento.

Dinheiro – Dinheiro não é presente. É ajuda de custo, manutenção, *business*, chame do que quiser. Mas não presente. Dê dinheiro à vontade, mas ele não substitui um presente. Ora, além de compras pela internet, há vários serviços especializados em venda e entrega de presentes em domicílio. E dar dinheiro pura e simplesmente é de uma falta de imaginação atroz, que, com o tempo, passa a ser vista como falta de atenção, de educação, de carinho ...

✂ **Vales** – Hoje há vales para tudo: roupas, DVDs, livros, diárias de hotel... A questão dos vales gera muita polêmica. Há quem diga que, com a grana, podemos escolher no que gastar. E que a mensagem de quem dá um vale é: "Até tive tempo para sair e procurar, mas não te conheço o suficiente (nem tenho imaginação para ousar um pouquinho) para ser mais específico(a)". Entre casais que estão juntos há muito tempo fica pior ainda: "Mesmo estando careca de saber do que você gosta, não estou a fim de esquentar a cabeça. Vire-se".

Outros acham uma grande pedida, pois, sabendo do que outro gosta, dá-se um vale-preferência-da-cara-metade e não há muito como errar... É uma questão de sensibilidade e ousadia. E, claro, de disponibilidade de tempo para ir atrás do presente certo.

✂ **Livros** – O Brasil nunca produziu tantas nem tão belas edições, como livros de arte, com fotos maravilhosas e acabamento primoroso. E, se o assunto agrada ao presenteado, não há como errar. Só não arrisque mandar um manual ou livros de autoajuda: por melhor que seja o livro, há sempre margem para uma interpretação enganosa.

✂ **Bebidas** – Cabe a você transformá-las em um presente original. Não mande caixas de vinho ou uísque aleatoriamente – é impessoal demais. Já uma pinga muito rara, engarrafada em um belíssimo vasilhame, pode ser muito mais interessante. E por que não mandar um jogo de copos correspondente à bebida? É sem dúvida bem sugestivo... Finalmente, presentear com champanhe é sempre elegante, mas atenção para que seja de uma marca reconhecidamente superior.

✂ **Jamais em público** – Os japoneses é que estão certos: lá é considerada uma grande quebra da etiqueta abrir o presente na frente de quem o ofereceu. Dessa forma, preserva-se quem deu de presenciar a reação do presenteado ao abrir o pacote.

Um presente entre namorados é uma coisa intima: não há motivo para presentear seu amor em público. Além de ser muito mais gostoso fazê-lo a sós, não é mesmo? Evita vários constrangimentos e, inclusive, impede que outras pessoas morram de inveja dessa sua demonstração de amor.

Um presente bem-humorado – É uma grande ideia, mas deve ser bem pensado, para que a brincadeira não resvale para o mau gosto. Camisetas com ditados ou gravatas com piadinhas são difíceis de usar. Já um objeto bem-humorado para a escrivaninha pode ser recebido com prazer.

Um presente deve ser mais desejado do que útil – Assim, nem pense em se perguntar: "Mas para que vai servir isso?". Muitas vezes não serve para nada. Mas é lindo. Não há nada melhor do que ganhar coisas supérfluas, justamente aquelas que sempre desejamos comprar e das quais, por algum motivo, acabamos desistindo.

Muitas vezes as pessoas deixam de comprar algo que estão querendo muito justamente por isso: por considerar que é um luxo inútil. Mas pense no quanto seu amor vai ficar feliz em ver que você está lhe oferecendo esse luxo com uma clara mensagem: "Acho que você merece isso e muito mais". É uma sensação deliciosa e sempre bem-vinda.

Finalmente, presente é presente. Acabado o amor, fique com tudo. Se a pessoa pedir algo de volta, dê graças por ter se livrado de alguém assim mesquinho e desconverse. Se estiver com muita raiva e quiser esquecer tudo o que lembre seu ex-amor, doe ou então venda os presentes e, com os lucros, faça qualquer loucura que lhe dê prazer. Pense perversamente que presente bom é assim mesmo: rende alegrias e dividendos até – literalmente – o fim.

Flores – quando e como mandar

As primeiras flores que recebemos são como o primeiro beijo: inesquecíveis!

Você acha que mandar flores é careta? Pois não mesmo: as flores são o melhor exemplo de perfeição manifestado pela natureza. Até hoje, jamais vi alguém reclamar por ter recebido um buquê, vaso ou mesmo uma singela e única flor. Mesmo quando quem manda não é exatamente quem esperamos, a frustração diminui ao se contemplar o presente – inesperado, porém sempre oportuno.

Não há idade para gostar de flores. Nem sexo: assim como apreciam uma paisagem bonita, boa música e um pôr-do-sol especial, os homens também adoram receber esse carinho perfumado.

Mas, para que suas flores exerçam precisamente o efeito que você deseja, não custa prestar atenção a alguns detalhes que podem aumentar ou neutralizar o impacto junto à pessoa que as recebe.

- Depois de um encontro especial, mande flores; pode não ser obrigatório, mas é uma gentileza insuperável.
- As rosas vermelhas têm um significado especial: paixão. Por isso, só envie rosas vermelhas quando quiser deixar claro esse seu estado de alma.
- Flores para homens: por que não? Apenas evite grandes arranjos se for mandar para o escritório, onde os espaços são menores e delimitados. Se quiser agradar mais ainda, mande um bonsai, com instruções de como tratá-lo.
- Se estiver em dúvida entre um buquê ou um arranjo, prefira o buquê. É sempre mais bonito, além de mais versátil.
- Mandar flores junto com um vasinho é um presente duplo, pois o vasinho fica. Pode ser de cerâmica, barro, vidro, porcelana...
- Todas as flores devem ser enviadas junto com um cartão: pesso-

al ou da própria floricultura. E, com uma frase curta, espontânea, carinhosa, delicada, especial. Enviar flores virtuais pela internet é um gesto simpático e bonitinho – mas elas não chegam nem às raízes das verdadeiras...

Certo, "as rosas não falam", mas, ainda remetendo à música, o perfume e a sensação simplesmente exalam, enquanto você não chega e abraça a pessoa amada.

Elegância: se você tem, ninguém lhe tira

Acredite: a elegância é uma qualidade cada vez mais apreciada. Mas, hoje em dia, começa a rarear, atropelada por falsas noções de eficiência, praticidade, agilidade e outros pretextos esdrúxulos para ser simplesmente mal-educado e grosseiro.

Ora, é fundamental ser elegante em qualquer relacionamento amoroso. Não adianta ser impecável nas relações profissionais e sociais e, na intimidade, perder a compostura. A dois, até mesmo para manter a paixão, atenção e delicadeza se fazem necessárias.

Para isso, ajuda muito manter sempre uma atitude positiva. Dessa forma, a vida a dois será leve, bem mais alegre e fácil. Lembre-se disso todas as vezes em que se defrontar com os pequenos defeitos ou manias do seu amor.

- Respeite o espaço de sua(seu) companheira(o), seja em conversas, seja em opiniões e principalmente em casa, se vocês moram juntos.
- Quando for ao supermercado, não compre apenas aquilo de que você gosta. Lembre-se das preferências da pessoa com quem você vive e mostre que pensa nela.
- Tente não tomar decisões importantes sozinho(a) e não deixe

de se manifestar e conversar sobre os eventuais descontentamentos cotidianos.

- Por outro lado, os hábitos de cada um devem ser preservados para que a convivência seja saudável e durável. Não adianta fazer uma série de concessões e depois ficar infeliz e de cara amarrada...
- Os dois devem deixar claro do que gostam e do que não gostam, e dividir igualmente as tarefas chatas entre ambos. E, de tempos em tempos, é importante reavaliar e redividir as tarefas familiares e domésticas. Variar a chatice pode ajudar...

Quando a coisa apertar, pense que estar juntos e bem é uma realização a dois, e não fruto do acaso ou da sorte. Amor e paixão se mantêm com atitudes de carinho permanentemente renovadas.

CAPÍTULO 6

quando tudo parece dar certo...

Vocês resolveram se casar, marcaram a data e, para consolidar essa decisão, estão para comprar o anel de noivado.

É natural que a noiva queira exibir a mão para as amigas e a mãe (que nem botava tanta fé assim no romance), mostrando o lindo anel. E no caso de namoro-relâmpago, então? A emoção é dupla: pela rapidez da decisão e pela surpresa que se faz a todos...

Ótimo, mas lembre-se de que, em meio a todo esse agito, é preciso administrar com certa sabedoria – e muita elegância – a compra e o recebimento desse presente tão significativo.

Joias devem ser recebidas – E jamais pedidas, certo? Principalmente essa. Nesse ponto, ainda convém a velha regra de deixar o homem se manifestar. O gesto e a iniciativa de falar no assunto ou de presenteá-la devem partir dele. Você, noiva feliz, pode no máximo dizer que não vê a hora de "trocar as alianças na igreja"... Quem sabe ele ligue uma coisa à outra?

Ok, você é segura, independente e não vê nada de mais em pedi-lo em casamento. Apenas lembre-se de usar muita sutileza ao inverter os papéis em um momento delicado (e importante) como esse. Seja envolvente e, acima de tudo, muito leve. E aguente firme se a reação de seu amor, em vez de alegria delirante, for da mais pura perplexidade. Eles também têm direito a isso, concorda?

Anel ou aliança? – O que você preferir e as finanças permitirem. Pessoalmente, considero a aliança mais elegante e versátil. Porém, se seu sonho é um enorme solitário de brilhantes e ele puder bancá-lo, por que não?

Mas, atenção: não é o caso de fazer uma dívida enorme só para mostrar aos outros um anel de noivado. Uma aliança de ouro com um pequeno brilhante cravejado, ou mesmo lisinha, pode perfeitamente dar conta do recado.

Tamanho não é documento – Ainda mais nesse caso. Contam muito mais o significado e o estilo da peça. Assim, não hesite em escolher, dentro das possibilidades de seu noivo, exatamente o que mais lhe agrada, e não o que "faz mais vista".

Gastos com a joia – Hoje todo mundo é muito realista e discute as coisas abertamente. Porém, é uma imperdoável falta de sensibilidade e de romantismo falar do preço de um anel de noivado como se estivessem discutindo o orçamento da reforma da casa.

Rapazes – Atenção! Se estiver muito apertado, não queira fazer bonito carregando sua amada até a joalheria. Compre o que estiver dentro das suas possibilidades e, sem explicar nada, faça-lhe uma linda surpresa. Se ela reclamar, é o caso de repensar se vai mesmo querer ficar vida afora com uma mulher com tal falta de tato e afeto...

Moças – Por mais que vocês tenham sonhado com um anel de filme norte-americano, é bom cair na real desde já. E ter em mente que não faltarão oportunidades para que, no futuro, ele a presenteie com outros anéis do tamanho do seu sonho.

Escolher juntos – A cena pode ser bonitinha: o casal apaixonado entra impulsivamente na joalheria para escolher o símbolo do seu amor. Mas só dá certo no cinema. Na prática, se quiser fazer isso, o noivo deve preparar o cenário. Isso significa visitar antes a joalheria da sua confiança, explicar à vendedora até quanto quer gastar e pedir que separe uma bandeja com anéis e alianças dentro desse limite.

Assim, na hora em que ambos chegarem, a futura noiva poderá escolher entre todos aqueles modelos, e ele poderá fazer um olhar de "escolha-o-que-quiser-faço-tudo-para-deixar-você-feliz" sem se preocupar. É melhor para os dois.

A noiva, por sua vez, não deve fazer comentários do tipo: "Mas será que podemos mesmo comprar esse?". A essa altura, ela já deve ter uma ideia do quanto ele pode gastar, certo?

- **Uma joia é para sempre** – É isso aí. Ainda mais essa. Por isso, na hora de escolher o modelo, lembre-se de que ele deve estar além de modismos e também não pode ser tão exuberante a ponto de você não poder usá-lo com outros acessórios.

- **Detestei o anel!** – Ele fez uma surpresa, e você se arrepiou só de olhar. Alternativas:
  - Você vai passar a gostar dele com o tempo – já vi vários casos assim. Portanto, diga que adorou...
  - É possível acrescentar pedras ou mudar a armação, deixando-o do seu gosto. Portanto, diga que simplesmente amou...

  Pensando bem: será tão importante assim o modelo? O que vale mesmo não é o gesto e o seu futuro? Um pouquinho mais de espiritualidade, meninas, nunca é demais.

- **Anel de família** – Ele quer lhe dar o anel que foi da mãe, da avó e da bisavó. E você vai dizer que prefere aquele anunciado em 24 vezes sem juros do catálogo do cabeleireiro? Impossível. Aceite o presente, ainda que não seja exatamente o que você imaginava.

  Levante as mãos para o céu por ter encontrado alguém com uma família que ainda preserva (literalmente) valores como esse. E que a ame tanto a ponto de querer compartilhar seus bens mais afetivos com você. Com o tempo, esse mesmo anel de família poderá ser reformado, embelezado e enriquecido, e continuará a ser um anel de família. Com muito carinho, perseverança e um pouco de sorte, da sua família.

A festa de noivado

Antigamente, os noivados duravam anos: pelo menos o suficiente para que se completassem os bordados (à mão) das iniciais do casal no enxoval. Hoje são mais rápidos, menos ortodoxos e também menos frequentes.

Mas se você pretende ficar noivo(a) é porque se importa – pelo menos um pouquinho – com a tradição. Assim, algumas convenções podem muito bem ser observadas em nome de um bom começo de vida a dois.

O anúncio do noivado – Façam como preferirem: podem ficar noivos apenas entre vocês dois, trocar alianças e aparecer depois exibindo-as com aquele sorriso de felicidade que mata até mesmo a melhor amiga de inveja, ou podem dar uma festa em família para anunciar a todos a data do casamento e, consequentemente, o início oficial do noivado. Apenas lembrem-se de que um noivado não é um casamento que se "participa" por escrito. Basta o anúncio verbal.

Quando não se recomenda o noivado – Quando um dos dois está se casando pela segunda vez. Nesse caso, as pessoas simplesmente se casam e pronto. Casais que moram juntos também podem oficializar a união sem passar pelo noivado oficial. Afinal de contas, na prática, já estão vivendo uma etapa muito além dessa, reservada a casais de "primeira viagem".

Período do noivado – É uma escolha pessoal, claro. O *status* de noivo(a) é uma fase intermediária. Por isso mesmo dever ser um período curto. Que tal a partir do momento em que vocês marcaram a data do casamento? Podem ser três, seis ou nove meses...

Quando as famílias não se conhecem – Hoje em dia acontece muito: o casal sai junto por alguns meses, resolve se casar, e as famílias serão apresentadas praticamente no dia do noivado.

A primeira providência é informar os respectivos familiares. E, em seguida, marcar um jantar para que se conheçam. Um terreno neutro pode ser uma boa ideia. Um restaurante confortável, onde todos possam relaxar e ser servidos, sem a responsabilidade de estar recebendo ou a preocupação de causar essa ou aquela impressão com o andamento do jantar e a decoração da casa.

É claro que, se a mãe da noiva ou do noivo fizer realmente questão, não há o menor problema em organizar a reunião em sua casa. No entanto, essa providência deve ser tomada logo, valorizando a boa vontade da família em questão. Anunciar que uma das mães vai organizar o noivado e depois a referida sogra fazer corpo mole é um péssimo começo, concordam?

A festa de noivado – É uma festa mais familiar e mais íntima que um casamento. Assim, convidem, além dos respectivos consogros, irmãos, avós e primos (apenas os realmente chegados). Quanto aos amigos, chamem os mais íntimos e prováveis padrinhos – que, a essa altura, vocês já devem ter uma ideia de quem gostariam que fossem.

Uma festa apenas com quem vocês realmente querem bem, além de ser mais elegante, permitirá que a emoção flua mais naturalmente do que um evento formal, no qual ninguém está realmente à vontade.

O tipo de festa vai depender do temperamento de todos – os noivos e suas famílias. Pode ser tanto um jantar como um almoço no sítio. O importante é comemorar.

O que usar – Vai depender do lugar e do tipo de festa. Mas não é preciso ser tão formal quanto em um casamento. Uma roupa bonita, caprichada, porém de acordo com o clima e o local da comemoração. Por ser uma festa íntima, os homens estão dispensados de usar gravata, a não ser que vocês façam questão disso. Nesse caso, é preciso avisar os convidados por ocasião do convite. Não é preciso dizer que o traje é passeio completo, basta mencionar que "os homens estarão usando gravata".

Mas atenção: noivado não é evento. É uma reunião familiar com no máximo os amigos muito íntimos do casal. Não tem troca de roupa, balada, caraoquê, lembrancinhas etc.. Deixe esse formato para o casamento. Um jantar, um brinde e eventualmente a fala do noivo ou de ambos comunicando o noivado e só.

Presentes de noivado – Os convidados não têm a menor obrigação de presentear os noivos. Porém, como há muita família envolvida, muitas vezes alguma tia ou prima faz questão de se manifestar. Sem problemas. Nesse caso, vale quase tudo: presentes de família, presentes em dinheiro, presentes feitos especialmente por quem presenteia e até mesmo pequenas joias de valor afetivo. É muito normal presentear com peças para o enxoval, como lençóis, toalhas etc.

Futuros sogros devem presentear? – Não necessariamente. Porém, se os sogros estiverem em uma situação financeira confortável, por que não? É sem dúvida muito simpático. E o que dar? Depende de quais são as necessidades ou desejos do casal: pode ser desde uma joia de família até um título de clube... É claro que os sogros não precisam se endividar para fazer bonito; porém, se forem presentear, que seja com algo significativo.

Ainda se usa "pedir a mão?" – Ao pé da letra, talvez não. O noivo pode simplesmente anunciar que os dois marcaram a data, propor um brinde e pronto. Porém, é bom lembrar que, em tempos modernos ou não, o homem está "levando embora" a filhinha querida de seus sogros. Portanto, por que não agradá-los e pedir-lhes licença para fazê-lo? Não conheço ninguém que tenha achado ruim esse gesto – tenha sido ele feito de maneira formal ou não –, ainda que o futuro genro fosse o vizinho da casa ao lado.

Quando realmente vocês tiverem decidido se casar e anunciado o fato ao mundo, é hora de começar a pensar nos detalhes do casamento: nos preparativos, nos diferentes tipos de cerimônia, na lua de mel.

Casamento – marcamos a data!

O namoro começou leve, evoluiu para uma paixão daquelas e não é que, quando deram pela coisa, vocês já marcaram até a data da cerimônia e agora é preciso tomar um sem-fim de providências?

Pois comece com uma essencial, que será a base para o sucesso do grande dia: conversem apenas entre vocês dois para decidir o que é realmente importante nessa comemoração: para quantas pessoas, o estilo (pode ser formal, informal, de dia, à noite) e quem vai pagar a conta – detalhe importantíssimo que vai se refletir em todas as outras decisões que vocês tomarão em relação ao grande dia.

Uma vez decididos esses fatores – e convictos de sua escolha –, comuniquem as respectivas famílias, uma de cada vez. Porém sempre juntos, como uma frente unida, para que eventuais tentativas de interferência sejam desencorajadas diante da evidência de que vocês sabem muito bem o que querem.

Calma: não estou dizendo para que não deixem as famílias participarem, mas que os detalhes essenciais têm que ser decididos *por vocês apenas*. É claro que a experiência de pais e amigos que já passaram por isso conta muito. Ouçam, perguntem, deixe que opinem. Mas só mudem de ideia ou de rumo em relação à cerimônia se estiverem absolutamente confortáveis com isso.

Atenção, noivas: tudo sempre foi pensado como o grande dia para as mulheres – por isso mesmo, é preciso incluir os noivos, envolvê-los, mas sem que isso seja um pesadelo para eles. Se perceberem que eles estão começando a se estressar com decisões que vocês podem perfeitamente tomar sozinhas, façam isso – e as comuniquem no momento certo.

⅌ **Planejamento é fundamental** – e prazo também. Portanto, se puderem ter alguns meses para preparar tudo, melhor. Nem sempre dá. Mas uma agenda para seguir rigorosamente um passo a passo é essencial. E desde o começo!

Anotem tudo em duas colunas – uma de gastos previstos e outra de gastos reais – à medida que chegarem os orçamentos. Não se deixem levar pelo "Ah, é só uma vez e vai valer a pena", pois há uma infinidade de detalhes que parecem valer a pena e no frigir dos ovos serão apenas uma dívida maior e mais um motivo de preocupação.

Assim, atenham-se ao básico, para depois ir enfeitando a ocasião aos poucos: haverá festa depois da cerimônia na igreja? Será um jantar/almoço ou apenas um coquetel? Ou só um bolo com champanha? Tudo é permitido, e tudo pode ficar maravilhoso – desde que bem planejado.

⅌ **Com a sua cara** – A cerimônia pode ser só na igreja, na fazenda, no bufê, na praia, onde bem entenderem. A festa pode ser temática: natalina, campestre, étnica...Mas quem dá o tom são vocês.Pensem nisso antes de se decidirem por algo apenas porque está na moda ou porque é o que alguém lhes disse ser "a última tendência".

⅌ **Menos é mais** – Se o bolso permitir e o casamento for o grande sonho de vocês, façam uma festa enorme, do tamanho de toda essa paixão. Na prática, porém, lembrem-se de que, com menos amigos, vocês não apenas farão uma enorme economia como se divertirão mais. Sem falar que é possível caprichar muito mais nos detalhes e tornar a ocasião inesquecível.

E por falar em gastos: não esqueçam que é possível alugar praticamente tudo: vestido, carro e até o bolo, se for o caso. De forma que, antes de comprar, pense se não é vantagem alugar (afinal, é para usar apenas uma vez). E, se decidir alugar, pense novamente se aquele determinado item é tão necessário assim para a sua felicidade.

Sogras – na vida real e sem piadas...

O relacionamento sogra-nora ou sogra-genro é pra lá de delicado. E, há razões para que seja assim: é sempre difícil abrir mão de alguém que amamos para outra pessoa.

É preciso uma dose cavalar de desprendimento para compreender que o filho paparicado a vida inteira a biscoito, bolo e lençóis perfumados está se afastando de casa para passar a maior parte de sua vida ao lado de uma mulher com a metade da idade, experiência e afetividade da mãe. Ou que a menina criada como uma princesa à custa de sacrifícios está passando os melhores anos de sua vida ao lado daquele marmanjo que a mãe duvida que reconheça sequer um terço de suas qualidades.

Não se iluda, até mesmo a mãe mais bem-resolvida, quando se torna sogra, acaba acentuando todos os pequenos problemas latentes. E, quanto melhor soubermos lidar com eles, mais chances teremos de nos preservar. Mas para isso é preciso reconhecer o tipo de sogra que nos foi reservado pelo destino.

A irretocável – É uma segunda mãe. Jamais deixa o casal na mão e, em caso de separação, muitas vezes acaba tomando partido da nora ou do genro. Aliás, por causa dela, o divórcio acaba sendo menos frequente. Infelizmente, é um tipo raríssimo de sogra.

A esforçada – Faz tudo certinho: lembra datas de aniversários, dá presentes simpáticos, cuida dos netos sempre que necessário, telefona antes de passar para uma visita, faz visitas na medida certa, convida mais do que é convidada... Como não reconhecer e retribuir tanto esforço? Há que louvá-la.

Ambos os modelos citados tendem a mostrar pequenos defeitos e manias. Sogras desses tipos podem se controladoras e por isso não se encante antes do tempo. Também não é o caso de ficar com o pé atrás vida afora. Procure perceber os prós e contras e administrar o relacionamento de forma equilibrada.

A amiga íntima – Ela vai com você fazer compras, empresta roupas (e pede emprestado), comenta intimidades e toma seu partido quando o filho pisa na bola. Às vezes, você até acha que é intimidade demais. Calma. Não reclame de barriga cheia, pois, com um pouquinho mais de firmeza, ela certamente se enquadra – apenas é preciso ter um pouco mais de atenção para manter a distância ideal.

A sogra-padrão, na visão do inconsciente coletivo – Não reclama. Em geral, seu mutismo é muito mais eloquente. Tem o dom de proferir frases como: "Não se preocupem comigo" ou "Eu vou ficar bem" em um tom que, estranhamente, indica exatamente o contrário. Fabrica a culpa em casa e a distribui muitíssimo bem, embalada em uma grande variedade de recipientes: grandes, pequenos, entregando em domicílio, por correspondência ou até mesmo por meio de mensageiros – muitas vezes desavisados.

Ciente da dificuldade dela em atender a pedidos, você nunca pede nada. Porém, quando surge uma emergência, e você, em desespero, resolve recorrer a ela... surpresa! Ela está sem tempo. Não trabalha, os filhos estão criados, mas, simplesmente, não tem tempo...

Pois é: é difícil dar conselhos cem por cento eficazes. Porém valem algumas dicas, que, se não melhorarem o clima, pelo menos farão você sentir que está fazendo alguma coisa.

Sem grande intimidade – O ex-presidente Jânio Quadros estava coberto de razão ao declarar que a intimidade resulta em gripes e filhos. No caso de sogras, um pouco de discrição e distância só pode fazer bem e evita interferência demais em sua vida.

Jamais tome partido explicitamente – Nem dela nem da pessoa que você ama. Em um racha familiar, deixe claro que a divergência é deles e reforce sua posição de agregado(a). Nunca se sabe quem e quando mudará de opinião.

Pague com a mesma moeda – Para justificar uma decisão sua, use sem o menor pudor as mesmas armas que ela já utilizou. Não hesite em até mesmo repetir frases ditas por ela: "Como a senhora mesma disse uma vez...", ou "A senhora sabe o que estou sentindo, pois já aconteceu com a senhora...", ou ainda "A senhora entende, pois já passou por isso...". É tiro e queda. Não deixa espaço para ela contra-argumentar e mostra que você está atento(a) (e dá o devido valor) ao que ela diz e sente.

Jamais xingue a sogra – Muito menos para o seu cônjuge. Morda a língua, os punhos, os cotovelos... Se ela é uma mala, seu companheiro ou companheira já sabe disso (e, acredite, detesta o fato mais que você, que não tem obrigações filiais ou vínculos afetivos). Poupe-a(o). Se ela pisou muito feio na bola, registre o fato em uma conversa tranquila, como se não tivesse muita importância, apenas para não deixar passar em branco. Evita atritos e mostra que você tem classe. E *contará muitos pontos a seu favor.*

Reserve (um pouco) do seu tempo para ela – Se ela gosta de comemorar datas, anote todas. Se ela valoriza mostrar os netos para as amigas, faça-o de vez em quando. Se ela curte algum passatempo, participe (esporadicamente e na medida do possível) ou mostre interesse. Mas faça-o magnanimamente.

Rédea curta – Não explique demais. Aliás, não explique. Mudanças de planos – de lazer do fim de semana ou do rumo da vida – e decisões de todos os tipos devem ser meramente comunicadas. Até detalhadamente. Porém, jamais explicadas, pois soa como justificativa.

Como se vê, não existe uma fórmula segura para contornar problemas com sogras. Quando a coisa apertar muito, mas muito mesmo, talvez ajude pensar: "Será que, no fundo, muito no fundo mesmo, ela não está com a razão?" .

Não, não estou dando moleza! Simplesmente é preciso conceder a elas alguns créditos e votos de confiança. Se você é mulher, lembre-se de que, talvez, um dia você ainda será sogra e poderá conferir até o fim da vida – ou do casamento de seu rebento – quem é que tinha razão...

> Você nunca sabe quando começa um amor,
> mas tem certeza quando ele termina.

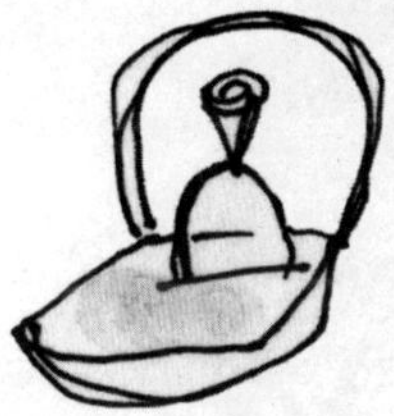

CAPÍTULO 7

fim

Vocês começam a sair juntos e até namoram há um tempinho. Mas a coisa não rola como seria de esperar. Mesmo assim, você insiste. Conversa, tenta modificar o relacionamento, busca alternativas e nada. Não tem jeito: é a hora da separação.

Esse é um momento sempre muito difícil, porque raramente os dois concordam com a ideia e com o *timing*. Mas você é uma pessoa moderna e civilizada e não quer terminar o relacionamento em clima de novela mexicana, com direito a lágrimas, rancores e juras de vingança.

O melhor, como sempre, é a sinceridade. Mas, nesses casos, o limite entre a sinceridade e a crueldade pode passar despercebido. Dizer à outra parte que ela não atendeu às suas expectativas está fora de questão. Saia do relacionamento com firmeza, mas seja suave. Pode parecer hipocrisia, mas pelo menos atenua um pouco a fase tão delicada que começa a partir desse momento.

> Se o fim é sempre muito dolorido do ponto de vista psicológico, também não estamos livres de detalhes práticos...

- **Presentes** – Não devolva nada, nem fotografias. Fim de namoro não é divórcio para haver divisão de bens. No caso de mulheres, abra exceção para joias de família. Se tiver sido presenteada com elas, devolva-as sem pensar duas vezes, pois pode ser sua última chance de mostrar que tem classe até mesmo em crises.

- **Bens comuns** – Essa é outra história. O jeito é sentar e partir para a negociação. A não ser que o clima tenha ficado tão ruim que você prefira abrir mão de tudo só para não passar pelo desgaste. Mas não espere que a outra parte aja de maneira bondosa, como nas novelas. No momento da separação, as pessoas se transformam.

⅌ **Chaves** – Se você tiver uma cópia das chaves da casa dela(e), devolva-a no mesmo dia em que resolver terminar. Senão você deixa portas abertas para falsas esperanças e, se resolveu terminar mesmo, não alimente sonhos. Se a outra pessoa tiver uma chave sua, peça-a de volta sem drama . Ou invista em uma troca de fechaduras – evita transtornos.

⅌ **Família** – Relacionamentos mais longos acabam envolvendo as famílias em laços de amizade. Se você se apegou aos pais do seu ex-amor, não há nada de errado em ligar de vez em quando para bater papo. Também não proíba seus pais de falar com ela(e). Apenas tente evitar os encontros "casuais" entre vocês, pelo menos até que passe a dor da separação.

⅌ ***Flash back*** – Em relacionamentos mais longos, as reaproximações são comuns. Afinal, é difícil um desligamento radical. Mas, se não há disposição alguma de sua parte de reatar, deixe isso bem claro. E isso significa falar mesmo, e não apenas dar a entender.

É, pouca gente faz isso. Muitas vezes, até por conta da banalização do sexo, é mais simples ceder e mergulhar em uma recaída com gosto de reatamento. Mas raramente dá certo, e aí, a bússola é sua.

Se está doendo demais e sua intuição disser que recair será uma fria, é porque provavelmente vai ser mesmo. Intuição é para esses momentos e funciona à beça.

Dói, dói muito.
Dói horrivelmente, e parece que não consigo respirar
Nunca mais vou ser feliz
Nunca mais vou parar de chorar.
Nunca mais vou encontrar alguém que ame assim.

Tudo isso é verdade.
Com a feliz ressalva de que passa.
Serão precisos mais ou menos noites insones
– às vezes muitas –, mas vai passar.
Sofrer mais ou menos vai depender de você também.
Mas, acredite: passa.
E, sim, você vai amar de novo.

Sofrer por amor – dignidade ajuda

Há muito tempo, li uma matéria cujo título me chamou a atenção: "A arte de sofrer com classe". Será possível sofrer com classe? E quando o sofrimento é causado por amor? Dificílimo, uma vez que não nos acostumamos a essa perda – que se reflete em nós como a pior das rejeições.

E não adianta já ter passado uma vez pela experiência de um amor infeliz – não se aprende a sofrer menos. Cada paixão malograda é um golpe totalmente novo, uma perda com dor quase física e reflexos em todas as nossas atitudes.

No entanto, acredito que é possível. Talvez, não sofrer com classe, mas com dignidade. E, embora para quem está sofrendo esse pareça um papo totalmente descabido, insisto nele porque a forma como administramos e atravessamos essa crise faz a maior diferença.

Tanto para atenuar e evitar que a onda de amargura se espalhe e contamine a todos quanto para que, ao emergir dela, a vítima em questão tenha sua imagem preservada – o que é muito, nessas e em quaisquer circunstâncias.

Daí a importância de refletir sobre isso e fazer um esforço. Acredite, qualquer que seja o caso, uma postura de contenção de danos é infinitamente melhor, a médio e longo prazos, do que a de chutar o balde, mandando o amor-próprio às favas.

E isso não depende de a pessoa ser bem ou mal-nascida, ter ou não dinheiro, gozar ou não de prestígio.

Tomemos como exemplo a falecida princesa Diana, adorada por todos, ícone de elegância para muitos. Mas um desastre quando se tratava de assuntos pessoais. Quem viu sua famosa entrevista à rede de televisão BBC fica constrangido só de lembrar. Nela, Diana contava detalhes íntimos de seus malogrados amores, chorando em frente às câmeras como uma caloura de *reality show*, demolindo pouco a pouco a imagem de equilíbrio e serenidade que levara anos para construir.

Por serem alvo constante da mídia, celebridades vira e mexe são vítimas dessa superexposição e acabam aprendendo, até pela necessidade, a preservar melhor sua intimidade.

Mas não é preciso ser celebridade para incorporar uma atitude digna diante do sofrimento, inclusive aquele causado por amor. Dona Cacau é o exemplo vivo de que sofrimento e dignidade podem andar juntos. Eu a conheci em Fortaleza, uma senhora de pouco mais de 50 anos que me impressionou pela discrição e doçura no olhar.

Aos 17 anos, Cacau apaixonou-se por Luiz, que estagiava na capital para aprender hotelaria e melhorar o estabelecimento de seus pais em uma pequena cidade no interior do Ceará. Desde o começo do relacionamento, Luiz jamais escondeu que estava comprometido com Alice, filha dos donos do melhor hotel de sua cidade natal, e que, por lá, a palavra empenhada valia mais do que o preto no branco.

Cacau compreendeu e, durante dois anos, viveram na capital um romance de conto de fadas. Chegado o momento de partir, Luiz despediu-se com lágrimas nos olhos, mas, como as famílias já estavam pra lá de comprometidas, a muito custo desvencilhou-se do desesperado abraço da moça e partiu para a longa viagem até sua casa.

Em poucos dias, morta de saudades, a namorada fez uma pequena mala e foi atrás dele. Ao chegar, instalou-se discretamente no quarto de um sobrado na praça principal e, para pagar o aluguel, fazia o serviço de limpeza e as compras do casal de proprietários. Para Luiz, declarou com simplicidade comovente: "Vim porque preciso ficar perto de você. Só quero estar na mesma cidade, nem precisa falar comigo".

Da janela de seu quartinho, enxergava toda a praça, inclusive o hotel da noiva de Luiz. De lá viu o casal sair da igreja no dia do casamento e seus filhos (foram quatro) serem batizados um a um. Via toda a família ir a missa junta aos domingos e, com o tempo, viu Luiz aproximar-se, tarde da noite, da entrada de seu quarto.

Lá, invisíveis para o mundo, viviam seu amor. Durante o dia, cumprimentavam-se respeitosamente. As pessoas do lugar acostumaram-se a ver Cacau em sua janela, bordando toalhinhas e peças de enxoval, que vendia para complementar o orçamento. Assim passaram-se 25 anos.

Um dia, na noite de Natal, ela viu de sua janela uma comoção pouco comum em frente ao hotel. Um arrepio premonitório percorreu-lhe o corpo quando, pela primeira vez em todos aqueles anos, ela atravessou a soleira do estabelecimento. Dentro, o caos reinava: caído no saguão, Luiz era atendido pelo médico, mas nada mais havia a fazer: o enfarte fora fulminante.

Petrificada, ela nem percebeu que mãos caridosas a afastaram da cena. Passou a noite de casa em casa, bebendo goles de água com açúcar, cachaça e chá. Gente com quem quase nunca havia falado apertava-lhe as mãos em silêncio e oferecia-lhe palavras de consolo.

De seu quartinho, Cacau observou o enterro e a missa de sétimo dia em um sofrimento jamais imaginado. Ao cabo de um mês, anunciou aos conhecidos que estava de partida. No dia da viagem, esperava o ônibus na praça com sua pequena mala quando viu Alice, de luto fechado, atravessar os canteiros. Acostumada a esperar, aguardou diante do olhar de metade da população. A viúva aproximou-se lentamente e, em um só movimento, abraçou Cacau, estendendo-lhe um pacote com alguns pertences de Luiz.

Cacau é um exemplo de coragem e desprendimento, e, no quesito classe, é campeã absoluta. Também acredito que, por ter mantido sempre para si seu sofrimento, seu amor e o quinhão de felicidade que lhe cabia foram devidamente resguardados e mantidos a salvo como tesouros preciosos.

Acredito, até por dolorosas experiências, que, guardando e até mesmo acalentando reservadamente nossa dor, nos protegemos da exposição em um momento vulnerável e ainda valorizamos o amor que sentimos (não importa quanto sofrimento tenha nos trazido), preparando-nos para o momento em que, fortalecidos, consigamos transformá-lo em outro sentimento: novo, positivo e – mais importante – não contaminado por rancores e mágoas.

Começar de novo

É claro que um dos encantos de se apaixonar é justamente acreditar que dessa vez vai ser diferente. Muitas vezes acabamos premiados; outras tantas, não. E o mundo parece querer desabar sobre nosso pobre coração machucado.

A certeza de que acontece com todo o mundo não ajuda em nada. Nesse momento, é como se nosso sofrimento e nossa solidão fossem únicos e irremediáveis. A angústia aumenta quando começamos a ouvir frases de consolo como: "Pense em um dia de cada vez; nada como um dia após o outro", ou "O tempo é o melhor remédio", ou, ainda, um dos mais irritantes: "Dor de amor só passa com outro amor".

Ninguém parece compreender que só nos interessa "aquele" amor – que agora é um passado maravilhosamente perfeito. Malogrado, sim, mas apenas em virtude de forças externas. Dificilmente aceitamos o fato de que acabou porque não fomos capazes de administrar o sentimento. Ou, pior, acabou porque o outro não quis, não soube valorizar a relação etc. Como isso foi possível? De repente, sem aviso nenhum, ocorre o percalço maior: nos damos conta de que terminou.

Daquele sentimento que nos enchia de expectativa, alegria e paz pouco restou. É dificílimo, mais ainda quando a iniciativa da separação foi da outra parte - tão amada. Pensando bem, de agora em diante talvez o ideal seja ficar só... Melhor do que se arriscar a repetir o sofrimento.

Pois não é que, apesar de parecer filosofia de almanaque, depois de algum tempo todas aquelas irritantes profecias começam a se concretizar? Embora em nossa decepção tenhamos desejado voltar ao passado feliz, os dias sucedem-se e o tempo passa irrevogavelmente. E, quando você menos espera, flagra-se mais leve, achando graça nas coisas e até mesmo reparando no olhar cheio de significados daquela pessoa tão atraente.

Atraente? Opa! Campainhas de alerta tocam, e você imediatamente se policia para não cair em novas armadilhas. Depois de viver tão intensa e plenamente o amor como viveu, nada vai poder se comparar...

Mas, apesar de resistir, você tem pensado naquela pessoa mais do que gostaria. Bem, e por que não?

Você aprendeu a lição e decidiu que dessa vez será diferente. Resolve arriscar e, com toda a bagagem adquirida em seu relacionamento anterior, trata de ir à luta: inicia um novo namoro com tudo a que tem direito. Mais experiente, vai tratar de apresentar as armas e regras do jogo logo no início, estabelecer limites e demarcar territórios. Dessa forma, não terá como se machucar novamente.

Pois é. Provavelmente, também vai ser muito difícil viver essa nova paixão entregando-se sem reservas e com o prazer que toda história de amor merece. Embora cada situação apresente personagens, fatos e momentos diferentes, ao se dar uma "segunda chance" (ou terceira ou décima), é muito importante que você o faça com o mesmo entusiasmo e leveza de alma que caracterizaram os primeiros amores.

> Ao investir novamente em emoções e tempo com outra pessoa, use suas vivências passadas, claro, a seu favor, e - mais importante - já devidamente amadurecidas, analisadas e resolvidas.

- Pode parecer óbvio, mas não custa repetir: encare esse novo relacionamento como uma linda oportunidade de viver mais uma vez um sentimento precioso – e não como um fardo ou uma "missão" eventualmente perigosa, que talvez traga novos ferimentos.
- Tente se livrar de uma vez de todas as lembranças doloridas. Faça uma faxina ou reformulação interior (e até mesmo exterior - por que não?) para ficar com o corpo e o coração mais leves, preparados para receber novas sensações.
- Só porque você está se sentindo novamente apaixonado(a) e vivo(a), não exagere nas expectativas: tente manter as coisas em suas devidas proporções. Vocês estão apenas no começo, mal se conhecem, e portanto talvez não seja prudente declarar de início: "Desta vez, sim, encontrei o verdadeiro amor da minha vida. Daqui para a frente nada pode dar errado" etc.
- Às vezes, embarcamos em novos, porém inexpressivos, romances por pura carência. Sabe aquela coisa de achar que já viveu tudo de maravilhoso que poderia ter vivido e que, portanto, daqui para a frente só lhe resta se conformar com o que vier? O perigo é

arrastar por muito tempo um namoro totalmente insatisfatório por causa da falsa noção de que nada de bom jamais chegará a lhe ocorrer de novo. Se não esta ótimo, corte logo.

- Por outro lado, por mais sensacional que tenha sido seu ex-amor, não é o caso de subvalorizar o presente: senão, as chances de o novo namoro vingar diminuem consideravelmente. Tente enxergar essa pessoa recém-chegada em sua vida de uma maneira realista, claro, mas lembre-se de dar o desconto de todas as inseguranças e contratempos que podem surgir em uma situação de "começo", delicada inclusive para a outra parte.
- Não compare. Por mais inevitável que seja, quando se pegar agindo dessa forma, pare no ato. Até por que o momento é outro, o personagem também (ainda bem, não?) e você mesmo provavelmente já mudou. Sem falar que o desenrolar e o desfecho desse roteiro ainda são uma incógnita. Portanto, não há o que comparar. Partir de um princípio equivocado é inútil e apenas mina o novo sentimento.
- O namoro está começando a rolar com facilidade. Ótimo. Então, não discorra sobre sua malograda experiência. Por mais que você queira que ele saiba tudo sobre sua vida, deixe isso para depois. Se fizer muita questão, ou se seu novo amor perguntar, descreva as coisas de forma mais generalizada, sem entrar em detalhes emocionais (que podem levar a outra pessoa a reviver tudo dolorosamente) e pinte o quadro com tintas mais leves.
- Acontece com mais frequência do que imaginamos: quando fomos feridos profundamente, a primeira pessoa que tenta se aproximar leva as agressões ou represálias que gostaríamos de ter destinado ao vilão (ou vilã) anterior. Fique atento para não embarcar nessa. Além de ser uma enorme injustiça para com alguém que demonstra se importar conosco, é uma forma estúpida de boicotar um novo romance que poderia vir a ter um final feliz.
- Nem pense em repetir cenários, endereços ou experiências. Pelo menos no início, aproveite para experimentar novos programas

e sensações. É claro que não é necessário forçar muito a barra e tentar fazer *rafting*, se você gosta mesmo é de uma boa ioga. No entanto, explorar e conhecer *juntos* novos lugares pode ser muito mais estimulante do que frustrar-se à espera de que o "encanto se repita" em algum antigo cenário do romance anterior.

- Certamente, cada caso é único. Pode ser que seu relacionamento anterior tenha sido muito longo, a ponto de ter cultivado amigos comuns, que continuam a se relacionar com você depois da separação. Ótimo. Nesse início de romance, embora não seja o caso de esconder sua nova paixão, talvez seja interessante não a expor demais ao convívio e ao julgamento (que acaba sempre ocorrendo) de seus amigos. Espere a coisa amadurecer e, enquanto isso, aproveite para namorar muito.
- Se você está só há algum tempo, naturalmente já incorporou uma nova rotina. Tente abrir uma brecha - por mais difícil que pareça - em sua vida e em sua casa para essa nova presença. É claro que não é fácil. Apesar do carinho e da paixão latentes, há os obstáculos e os contratempos naturais, como uma agenda rígida, hábitos arraigados, convicções irremovíveis e uma série de outras barreiras de intransigência.

Muitos anos, alguns meses ou até mesmo uns poucos dias. Nosso calendário tradicional não tem valor quando aplicado ao amor. Ele acontece, é vivido, curtido, amadurecido e – infelizmente – um dia acaba. São muito raras as pessoas privilegiadas com aquele tipo de amor que, além de conciliar paixão e companheirismo, ainda tem a capacidade de atravessar décadas ou mesmo uma vida inteira, alimentando a alma desses apaixonados.

Sentimentos em festa (ou dança das cadeiras)

Gosto de ser assediada pelos mais diversos – e muitas vezes perversos – sentimentos. Resisto ao conceito de que devemos priorizar a razão apenas pelo fato de ela nos conduzir com mais segurança vida afora.

Pode até ser. Mas são os sentimentos que nos apontam caminhos cheios de alegria, certezas mais profundas e intensidade renovada. Encanta-me a qualidade moleque de alguns deles: eternamente jovens, possuem uma força vital que sempre surpreende. Daí que, quando se manifestam, os recebo com alegria: procuro cultivar e satisfazer suas necessidades, sempre que possível, com boa vontade.

O primeiro a chegar é o mais tímido e mágico: disfarça-se pequenino para entrar por frestas, penetrar pelos poros, surgindo poderoso e rápido – até mesmo no átimo de intervalo de uma troca de olhares.

O Amor nos sorri de seu canto, seguro de sua capacidade de melhorar tudo ao redor. Há quem tenha medo dele, de seu nome, até mesmo de reconhecê-lo como tal. Eu não. Talvez porque nas poucas vezes em que o encontrei tenha me tratado como uma rainha.

A Paixão é outra que chega sem avisar. Sem a menor cerimônia ou sutileza, é exuberante e avassaladora. Nos presenteia com baús de prazer, potes de sensações – tão contraditórias quanto intensas.

É impossível não nos sentirmos tentados e deixar de sucumbir à paixão. Resistir é inútil e – convenhamos – doloroso, quase como morrer um pouquinho. Prefiro arriscar e aprender a lidar com ela.

Irmão gêmeo da Paixão, o Ciúme a acompanha como se fosse siamês. É seu lado sombrio e nada tem de bonito ou agradável. Contagia qualquer ambiente ou pessoa com sugestões nefastas e descabidas. Um monstro voraz que se alimenta de alegrias e luz. Tenho medo do Ciúme. Aprendi a respeitá-lo, mantendo dele uma distância cuidadosa.

A Ternura é um dos meus sentimentos favoritos. Suave e discreta, alegre e firme, é infalível para aliviar aflições de qualquer espécie. Quando nos alcança, o efeito é imediato e reparador.

Tantos e tão ricos sentimentos fazem-me lamentar quem os bloqueia em nome da razão. Tão eficiente, asséptica e entediante. Prefiro sentir e lidar com cada um deles à medida que se apresentam. Acostumei-me a contornar seus humores, a ceder aos caprichos de um e outro e, eventualmente, a levar a pior.

Apenas um deles ainda me confunde e paralisa. Espécie de camaleão, mistura a profundidade do Amor, o impulso suicida da Paixão, a firmeza da Ternura e o pessimismo do Ciúme. Esse, definitivamente, ainda não consegui driblar. Ao Amor ofereço o coração, à Paixão a loucura, à Ternura, meus pensamentos mais delicados e ao Ciúme a indiferença mais solene. Mas a Saudade, quando me possui, rouba-me tudo, deixando-me vazia e perplexa.

Mas talvez seja sábia a saudade. Sabe que, apesar do vazio, essa é a única maneira de recuperar espaço no coração para deixar-nos prontos para o próximo encontro, quando, novamente em festa, sedutores e revigorados, um a um, sentimentos nos enlaçam para valsar novamente – em uma louca dança das cadeiras.

Para encerrar– mais sobre a delicadeza

Ao redigir o "fechamento" deste livro, lembrei-me de um fato que ilustra bem quanto podemos nos enganar com as aparências ou os papéis representados. Esse caso nada teve a ver com amor ou namoro, mas foi um episódio que me ensinou que a delicadeza de sentimentos e a poesia da alma definitivamente não seguem padrões preestabelecidos.

Eu tinha 22 anos e trabalhava na Editora Abril. Tarso de Castro era um jornalista veterano, com um texto tão bom quanto cáustico e modos igualmente agressivos. Boêmio, passava sempre rapidamente pela redação e, quando isso ocorria, eu tratava de ficar longe dele. Embora achasse interessantíssimo lê-lo, tinha a nítida impressão de que, ao vivo, era melhor manter uma distância segura de seus comentários mordazes.

Durante muito tempo consegui meu intento: olhava-o sempre de longe, ressabiada e, literalmente, morria de medo de um confronto mais direto com aquele homem de língua afiadíssima.

Até que um dia ele me chamou. E o fez a seu modo: aos gritos, através da enorme sala de redação e de forma perfeitamente audível, apesar dos ruidosos e incessantes teclados. Gelei. Não havia como fingir que não era comigo. Aproximei-me devagarinho, consolando-me com o pensamento de que pelo menos minha aparência era calma, e a compostura, absoluta. Eu acabara de chegar da sala de maquilagem devidamente preparada para entrar no ar com o programa de TV que apresentava .

Parei em frente à sua mesa. Tarso me observou de alto a baixo com os olhos semicerrados.

– Menina, quem foi que pintou esse seu rosto tão bonito?

Ufa! Era apenas um elogio simpático.

– Foi o Thales, o maquiador – respondi, sem graça e louca para dar o fora rapidinho.

– Claudinha, você não entendeu – interrompeu-me ele suavemente. – Eu queria saber quem foi lá no céu que pintou esse seu rosto assim bonito antes de você nascer. – Dito isso, Tarso abriu um sorriso angelical inimaginável naquele rosto de expressão normalmente tão fechado.

Naturalmente, tive de rever meu conceito e cancelar meus medos em relação a ele, pois, conhecendo-o melhor, percebi que ele era uma pessoa doce por trás de toda aquela armadura. Até hoje, jamais recebi um elogio mais bonito ou remotamente mais original.

Certo, estávamos falando de amor e acabei falando da subjetividade das aparências sensíveis e contando uma história do tempo em que as redações não usavam computador.

Voltando ao amor – e misturando ainda mais as coisas, pois na verdade não estou com a menor vontade de me despedir deste livro –, acredito piamente que, na medida do possível, devemos procurar sempre embelezar cada momento, até que, na soma deles, a própria vida acabe revestida por um manto de pequenas belezas.

Mas de nada adianta toda a beleza do mundo sem sentimento ou paixão. Talvez eu seja um caso de romantismo antigo perdido no século XXI. Pode ser. Há mais de vinte anos, Ruy Castro, outro ex-colega da Editora Abril, em uma discussão sobre o assunto, afirmou, meio sério, meio brincando, que eu acreditava em príncipes encantados. E acreditava mesmo.

Pois quer saber? Ainda acredito. Não tanto em príncipes talvez. Mas certamente no encanto.

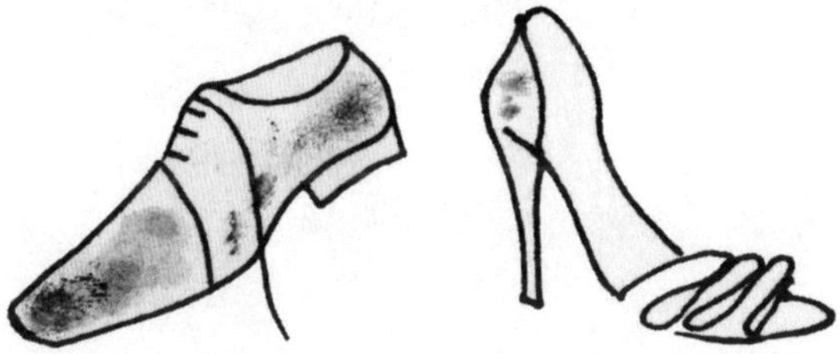

Este livro foi composto em ITC Serif Gothic
e Parisian para a Editora Planeta do Brasil
em outubro de 2013.